中等职业教育·道路运输类专业教材

中高职贯通培养·校企"双元"合作新形态一体化教材

工程 CAD 基础

陈　略　董荣书　主　编

郭珵妍　王　磊　副主编

王夫钊　罗　筠　主　审

人民交通出版社股份有限公司

北　京

内容提要

本书为中等职业教育·道路运输类专业教材、中高职贯通培养·校企"双元"合作新形态一体化教材。全书针对中职阶段的学习,将教材分为两个模块七个项目,即AutoCAD 2022基础知识、简单二维绘图命令、基本编辑命令、文字与表格、尺寸标注、公路工程图绘制基础命令、工程图打印和输出。每个项目下设有若干学习任务。教材编写符合中职学生的学习认知规律,且充分体现了中高职衔接的特色。

本书既可以作为中等职业学校道路运输类相关专业教材,也可作为企业相关专业施工员、质检员、安全员、资料员等的参考书。

本教材配有丰富的视频资源,读者可通过扫描封面二维码在线学习、观看;本书配教学课件,教师可通过加入"职教路桥教学研讨群"(QQ:561416324)获取课件。

图书在版编目(CIP)数据

工程CAD基础/陈略,董荣书主编. — 北京:人民交通出版社股份有限公司,2023.7
ISBN 978-7-114-18344-7

Ⅰ.①工⋯　Ⅱ.①陈⋯②董⋯　Ⅲ.①道路工程—计算机辅助设计—AutoCAD软件　Ⅳ.①U412.6

中国版本图书馆CIP数据核字(2022)第214791号

中等职业教育·道路运输类专业教材
中高职贯通培养·校企"双元"合作新形态一体化教材

书　　　名:	工程CAD基础
著 作 者:	陈　略　董荣书
责任编辑:	任雪莲　陈虹宇
责任校对:	赵媛媛
责任印制:	张　凯
出版发行:	人民交通出版社股份有限公司
地　　　址:	(100011)北京市朝阳区安定门外外馆斜街3号
网　　　址:	http://www.ccpcl.com.cn
销售电话:	(010)59757973
总 经 销:	人民交通出版社股份有限公司发行部
经　　　销:	各地新华书店
印　　　刷:	北京印匠彩色印刷有限公司
开　　　本:	880×1230　1/16
印　　　张:	19.25
字　　　数:	375千
版　　　次:	2023年7月　第1版
印　　　次:	2023年7月　第1次印刷
书　　　号:	ISBN 978-7-114-18344-7
定　　　价:	55.00元

(有印刷、装订质量问题的图书,由本公司负责调换)

前 言

"工程CAD基础"是道路运输类相关专业学生利用计算机辅助设计(CAD)软件进行公路工程设计的基础课程。本课程旨在帮助学生通过绘图软件学习,将前置专业知识通过绘图软件较好地展现出来,绘制出相应的工程设计图,达到学以致用的效果。

拥有独立制图能力是工程设计人员、施工技术人员的基本要求之一。因此,识别、绘制公路工程设计图成为道路与桥梁工程施工专业学生必须具备的专业能力。学生通过本课程对工程案例的分析,结合机房上机实操练习,应能够运用"AutoCAD 2022计算机绘图软件"(本书简称AutoCAD)完成工程"手绘图",掌握基础绘图技能和修图技巧。

本教材根据行业需求,结合中职学生学习特点进行知识点的选取和重构,各学习任务按问题引导、任务实施、任务验收、知识巩固与提升四个方面进行展开,每个项目的学习内容后附有项目任务测评,从而更好地帮助学生检验学习效果并掌握知识。

本教材的主要特点如下:

1. 以工程案例为驱动,注重实用性,突出职教特色

本教材坚持以习近平新时代中国特色社会主义思想引领教材建设,提升思想性、科学性、时代性。所选教学案例均来自实际工程,具有综合性、实用性的特点。通过分析工程案例使学生掌握道路与桥梁相关专业知识,能够利用AutoCAD绘图软件绘制出具体的工程图。在本书的教学过程中注重知识的连贯性和完整性,根据不同项目内容中的工程案例确定教学重点和教学难点,采用不同的教学方法和AutoCAD绘图技巧来掌握学习重点、化解知识难点。此外,用新时代我国取得的伟大成就引出相关知识,培养学生精益求精的工匠精神。

2. 以绘图步骤为主导,注重操作性,突出以学生中心的学习特色

本教材遵循职业教育教学规律和中等职业学校学生的身心发展规律,注重培养学生在学习过程中的动手能力。学生通过动手实操绘制 AutoCAD,加深对已学知识的理解,从而更好地提高学习效率。教材中设置了绘图步骤提示与视频学习资源:简要的绘图步骤提示起到画龙点睛的作用,使学习内容更加通俗易懂;通过扫描二维码观看视频,可深化学生对知识难点和操作难点的认知,并根据视频中的操作步骤完成教学内容。在此过程中,既能培养学生的自主学习能力,同时也能提升学生的动手操作能力。

3. 以任务验收为核心,注重应用性,突出学以致用的特色

本教材的任务验收以具体案例为导向,结合专业特色进行设计,并注意其应用性;在每个任务完成后设置了对应的任务验收。任务验收能够及时检查学生的学习情况,从而更好地帮助学生对所学内容进行查漏补缺。此过程体现了"以学生为中心"的教学思想,充分发挥学生的主动性、积极性,不断提升教师的指导性、监督性。学生能够运用所学知识完成相应任务,达到学以致用的效果。

4. 以项目任务测评为目标,注重发展性,突出任务目标的时代特色

本教材内容注重对学生素质水平的考察,遵循现代职业教育的发展理念。其中项目任务测评从素养测评、知识测评、技能测评三方面对学生进行全方位考察,培养其成为德、智、体、美、劳全面发展的新时代技术技能人才。教材内容遵循基础性,考虑课程的实用性、发展性等特点,满足学生继续学习、未来工作、素质提升的各种需求。

《工程 CAD 基础》分为模块一和模块二两部分,内容安排及建议学时如下:

《工程 CAD 基础》

模 块	项 目	内 容	建议学时
模块一	项目一	AutoCAD 2022 基础知识	4
	项目二	简单二维绘图命令	8
	项目三	基本编辑命令	16
	项目四	文字与表格	16
模块二	项目一	尺寸标注	24
	项目二	公路工程图绘制基础命令	36
	项目三	工程图打印和输出	4

本书由贵州交通技师学院陈略、贵州交通职业技术学院董荣书担任主编。其中，模块一中项目一由贵州交通技师学院郭珵妍编写，项目二由陈略、贵州交通技师学院杨学智编写，项目三由绍兴市中等专业学校王磊编写，项目四由山东交通职业学院姚英娜编写；模块二中项目一由王磊编写，项目二由董荣书、贵州交通职业技术学院刘莉编写，项目三由陈略、贵州交通技师学院王培早编写；全书的微课视频由北京建筑设计研究院有限公司李俊瑾制作。在本书的编写过程中还邀请了相关企业技术人员作为主审，校企双方共同编写体现职业岗位需求的同时满足一线教师教学需求，做到教学内容就是生产实践任务、培养的中职学生就是企业一线技术人员，使学生毕业就能上岗。

本教材可供中等职业学校道路与桥梁工程施工和公路养护与管理专业学生使用，也可作为相关技术人员参考书。

由于编者水平有限，书中疏漏之处在所难免，恳请读者提出宝贵意见。

编　者

2022年1月15日

本书配套资源列表

序　号	教　材　内　容	资　源　名　称	资源类型
1	模块一　项目一 AutoCAD 2022 基础知识	1-1-2-1　菜单栏	视频
2		1-1-2-2　功能区	视频
3		1-1-2-3　命令行	视频
4		1-1-2-4　切换工作空间	视频
5		1-1-2-5　信息搜索中心	视频
6		1-1-2-6　绘图区	视频
7		1-1-3-1　创建新图形文件	视频
8		1-1-3-2　打开图形文件	视频
9		1-1-3-3　保存图形文件	视频
10		1-1-3-4　关闭图形文件	视频
11	模块一　项目二 简单二维绘图命令	1-2-1-1　绘制点	视频
12		1-2-1-2　定数等分	视频
13		1-2-1-3　定距等分	视频
14		1-2-1-4　绘制直线	视频
15		1-2-1-5　绘制多线段	视频
16		1-2-1-6　绘制样条曲线	视频
17		1-2-2-1　绘制圆	视频
18		1-2-2-2　绘制圆弧	视频
19		1-2-2-3　绘制圆环	视频
20		1-2-3-1　绘制多边形	视频
21		1-2-4-1　图案填充	视频
22	模块一　项目三 基本编辑命令	1-3-1-1　选择对象	视频
23		1-3-1-2　不规则形状的选择	视频
24		1-3-1-3　更改选择集中的对象	视频
25		1-3-1-4　快速选择对象	视频
26		1-3-1-5　选择重叠或靠近点对象	视频
27		1-3-1-6　选择"上一个"编辑对象	视频
28		1-3-2-1　删除对象	视频
29		1-3-2-2　删除重复对象	视频
30		1-3-2-3　恢复删除的对象	视频
31		1-3-2-4　移动对象	视频

续上表

序 号	教材内容	资源名称		资源类型
32	模块一 项目三 基本编辑命令	1-3-2-5	旋转对象	视频
33		1-3-2-6	复制对象	视频
34		1-3-2-7	阵列对象	视频
35		1-3-2-8	镜像对象	视频
36		1-3-2-9	偏移对象	视频
37		1-3-2-10	修剪对象	视频
38		1-3-2-11	拉伸对象	视频
39		1-3-2-12	使用夹点编辑对象	视频
40		1-3-3-1	"特性"面板	视频
41		1-3-3-2	"特性"选项板	视频
42		1-3-3-3	"快捷特性"选项板	视频
43		1-3-3-4	"图层"面板	视频
44		1-3-3-5	图层特性管理器	视频
45	模块一 项目四 文字与表格	1-4-1-1	文字样式激活	视频
46		1-4-1-2	文字样式设置	视频
47		1-4-2-1	激活单行文字	视频
48		1-4-2-2	创建单行文字	视频
49		1-4-2-3	激活多行文字	视频
50		1-4-2-4	创建多行文字	视频
51		1-4-3-1	特性工具栏编辑文字	视频
52		1-4-3-2	双击单行文字编辑修改	视频
53		1-4-3-3	夹点法编辑单行文字	视频
54		1-4-3-4	特性工具栏编辑多行文字	视频
55		1-4-3-5	双击多行文字编辑修改	视频
56		1-4-3-6	特殊符号输入	视频
57		1-4-3-7	创建堆叠文字	视频
58		1-4-4-1	表格样式激活	视频
59		1-4-4-2	表格样式设置	视频
60		1-4-4-3	如何插入表格	视频
61		1-4-4-4	特性工具栏编辑表格	视频
62		1-4-4-5	夹点法编辑表格	视频
63		1-4-4-6	表格工具栏的使用	视频
64		1-4-4-7	在表格中插入公式	视频

续上表

序 号	教材内容	资源名称	资源类型
65	模块二 项目一 尺寸标注	2-1-2-1 打开标注样式管理器	视频
66		2-1-2-2 新建标注样式	视频
67		2-1-2-3 管理标注样式列表	视频
68		2-1-3-1 线性标注	视频
69		2-1-3-2 角度标注	视频
70		2-1-3-3 弧长标注	视频
71		2-1-3-4 半径标注	视频
72		2-1-3-5 直径标注	视频
73		2-1-3-6 DIM 标注	视频
74		2-1-3-7 连续标注	视频
75		2-1-3-8 基线标注	视频
76	模块二 项目二 公路工程图绘制基础命令	2-2-1-1 挡土墙 H 面投影绘制	视频
77		2-2-1-2 挡土墙外轮廓线绘制	视频
78		2-2-1-3 直线箭头	视频
79		2-2-1-4 曲线箭头	视频
80		2-2-1-5 挡土墙 V 面投影绘制	视频
81		2-2-1-6 挡土墙 W 面投影绘制	视频
82		2-2-2-1 平面交叉口绘制	视频
83		2-2-3-1 涵洞一字墙洞口图层设置	视频
84		2-2-3-2 涵洞一字墙洞口缘石	视频
85		2-2-3-3 涵洞一字墙洞口墙身	视频
86		2-2-3-4 涵洞一字墙各部分位置组合	视频
87		2-2-4-1 绘制行车道板(方法一)	视频
88		2-2-4-2 绘制行车道板(方法二)	视频
89	模块二 项目三 工程图打印和输出	2-3-1-1 打印机的设置	视频
90		2-3-2-1 图形输出操作	视频
91		2-3-3-1 布局打印	视频

资源使用说明：

1. 扫描封面二维码(注意每个码只可激活一次)；

2. 关注"交通教育"微信公众号；

3. 公众号弹出"购买成功"通知,点击"查看详情",进入后即可查看资源；

4. 也可进入"交通教育"微信公众号,点击下方菜单"用户服务-开始学习",选择已绑定的教材进行观看。

目录

模块 一

项目一　AutoCAD 2022 基础知识 ························ 3
　任务一　AutoCAD 2022 的安装 ························ 3
　任务二　AutoCAD 2022 用户操作界面及主要功能 ························ 8
　任务三　AutoCAD 2022 图形文件管理 ························ 30
　任务四　AutoCAD 2022 系统配置 ························ 36
　项目任务测评 ························ 45

项目二　简单二维绘图命令 ························ 52
　任务一　点、直线、曲线图形的绘制 ························ 52
　任务二　圆曲线及圆类图形的绘制 ························ 64
　任务三　平面正多边形的绘制 ························ 71
　任务四　图案填充 ························ 75
　任务五　图形捕捉 ························ 80
　项目任务测评 ························ 86

项目三　基本编辑命令 ························ 92
　任务一　选择实体对象 ························ 92
　任务二　常用编辑命令 ························ 102
　任务三　编辑对象特性 ························ 124
　项目任务测评 ························ 138

项目四　文字与表格 ························ 147
　任务一　设置文字样式 ························ 147

  任务二　标注文本 ………………………………………………………………………… 152
  任务三　编辑文本及文本工具设置 ………………………………………………… 157
  任务四　创建编辑表格 ……………………………………………………………… 165
  项目任务测评 ………………………………………………………………………… 173

模 块 二

项目一　尺寸标注 …………………………………………………………………………… 181
  任务一　尺寸标注的组成 …………………………………………………………… 181
  任务二　设置尺寸标注的样式 ……………………………………………………… 186
  任务三　图形对象尺寸标注 ………………………………………………………… 199
  项目任务测评 ………………………………………………………………………… 211

项目二　公路工程图绘制基础命令 ………………………………………………………… 218
  任务一　挡土墙投影图绘制 ………………………………………………………… 218
  任务二　平面交叉口的绘制 ………………………………………………………… 233
  任务三　涵洞一字墙洞口的三面投影图绘制 ……………………………………… 242
  任务四　人行道板铺砌平面图的绘制 ……………………………………………… 250
  项目任务测评 ………………………………………………………………………… 257

项目三　工程图打印和输出 ………………………………………………………………… 265
  任务一　打印机的设置 ……………………………………………………………… 265
  任务二　图形输出操作 ……………………………………………………………… 273
  任务三　布局打印 …………………………………………………………………… 279
  项目任务测评 ………………………………………………………………………… 290

参考文献 ………………………………………………………………………………………… 296

模块一

项目一　AutoCAD 2022 基础知识

任务一　AutoCAD 2022 的安装

素质目标:培养学生动手能力强、做事认真细致的职业素养。
知识目标:掌握 AutoCAD 的安装方法。
能力目标:能独立安装 AutoCAD 软件。

问题引导

1. 在工程建设之初,我们应该做些什么呢?

工程的建设离不开设计施工图纸,必须根据施工图纸进行工程施工。

2. 如何绘制工程施工图纸呢?

(1)可以手绘图纸,但耗时较长,且容易出错,不易修改;

(2)可以通过 AutoCAD 软件绘制施工图纸,如图 1-1-1-1 所示。

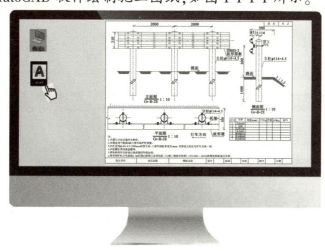

图 1-1-1-1

3. 如何使用 AutoCAD 呢？

工欲善其事，必先利其器。要想学会用 AutoCAD 绘图，就要先把"工具"准备好。因此，我们首要的学习任务就是学会如何安装 AutoCAD。

任务实施

一、认识 AutoCAD

AutoCAD 是由美国欧特克（Autodesk）公司开发的通用计算机辅助绘图与设计软件，具有易于掌握、使用方便、体系结构开放等特点，深受广大工程技术人员的欢迎。AutoCAD 自问世以来，已经进行多次的升级，其功能不断增强，且日趋完善。如今，AutoCAD 已广泛应用于机械、建筑、交通、电子、航天、造船、石油化工、土木工程、冶金、农业、气象、纺织、轻工业等领域。CAD 是 Computer Aided Design（计算机辅助设计）的简称。在中国，AutoCAD 已成为工程设计领域中应用广泛的计算机辅助设计软件之一。

AutoCAD 软件具有良好的用户界面，通过交互菜单或命令行方式便可以进行各种操作。它的多文档设计环境，便于非计算机专业人员快速上手，在不断实践的过程中更好地掌握其各种应用和开发技能。

二、AutoCAD 2022 对系统的要求

AutoCAD 2022 对系统的要求如图 1-1-1-2 所示。

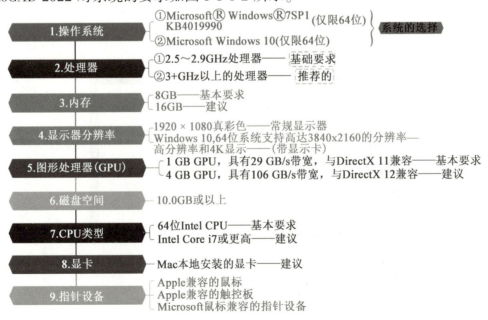

图 1-1-1-2

三、AutoCAD 在公路工程中的应用

AutoCAD 在公路工程设计领域广泛应用,其显著提高了公路设计的质量,加快了设计进度,使公路建设项目达到方案优、投资省、工期短、效益好的要求。

四、AutoCAD 的软件特色

AutoCAD 软件具有以下特色。
(1)具有完整的图形绘制功能;
(2)具有强大的图形编辑功能;
(3)可以采用多种方式进行二次开发或用户定制;
(4)可以进行多种图形格式的转换,具有较强的数据交换能力;
(5)支持多种硬件设备;
(6)支持多种操作平台;
(7)具有通用性、易用性。

五、AutoCAD 的发展

AutoCAD 技术可分为几个发展阶段,如图 1-1-1-3 所示。

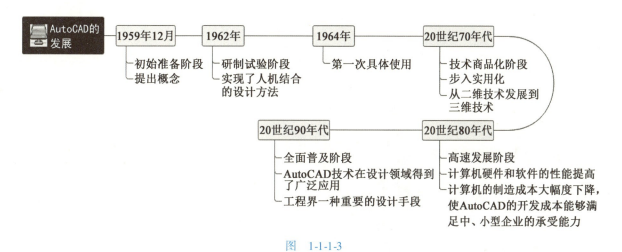

图 1-1-1-3

六、AutoCAD 的安装步骤

AutoCAD 2022 的安装步骤如下:
(1)购买正版的 AutoCAD 软件,下载到个人计算机上。

（2）下载完成后，找到下载好的安装包，并将其解压到当前位置。

（3）双击打开解压好的"AutoCAD 安装包"文件夹。

（4）双击打开"软件安装程序"文件夹。

（5）双击运行，开始解压。

（6）等待解压完成，准备安装。

（7）在如图 1-1-1-4 中"法律协议"下勾选"我同意"，然后点击"下一步"。

（8）点击图 1-1-1-5 中的 图标，修改安装位置，然后点击"下一步"。

图 1-1-1-4

图 1-1-1-5

（9）如图 1-1-1-6 所示，勾选其他组件选项，然后点击"安装"。

（10）如图 1-1-1-7 所示，等待安装完成即可。

图 1-1-1-6

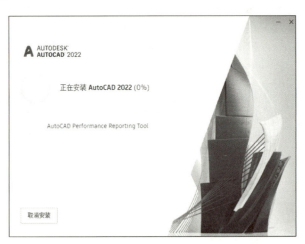
图 1-1-1-7

（11）安装完成后，点击桌面上 AutoCAD 图标，打开如图 1-1-1-8 所示界面后便可开始使用。

图 1-1-1-8

任务验收

本任务学习如何安装 AutoCAD。AutoCAD 软件的安装虽然是一个比较简单的任务，但是也不能掉以轻心，事情越简单，反而越容易因疏忽而导致错误。

 对本节任务的学习情况评价一下吧！

任务评价指标				
序号	内容	自评	互评	老师评价
1	Auto CAD 的认识			
2	Auto CAD 对系统的要求			
3	Auto CAD 在公路工程中的应用			
4	Auto CAD 的软件特色			
5	Auto CAD 的发展			
6	Auto CAD 的安装步骤			
评价等级：优秀、良好、合格、不合格。 （优秀：90 分以上；良好：75 到 90 分；合格：60 到 74 分；不合格：60 分以下）				
问题与改进：				

知识巩固与提升

请独立在个人计算机中安装 AutoCAD 软件。

拓展练习				
安装是否成功	成功	不成功	备注	
存在问题	问题一	问题二	问题三	问题四
解决方法	方法一	方法二	方法三	方法四

课后反思

任务二　AutoCAD 2022 用户操作界面及主要功能

素质目标：培养学生学以致用的职业素养。
知识目标：掌握 AutoCAD 的基本操作，熟悉用户界面。
能力目标：能独立操作 AutoCAD 的界面功能。

问题引导

1. 想要设计出美观的公路及桥梁，除了掌握扎实的基础知识外，选对"画笔"也是关键。如何使用 AutoCAD 画好施工图纸呢？

首先要了解 AutoCAD 操作界面及其主要功能，掌握各功能作用，选择正确的操作方式。

2. AutoCAD 的"画笔"有哪些呢？

AutoCAD 的"画笔"主要在其操作界面上，位置如图 1-1-2-1 所示。

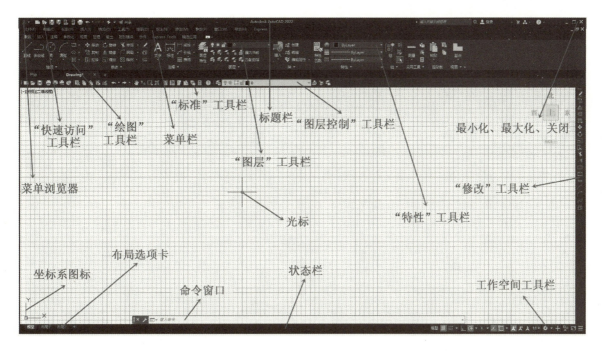

图 1-1-2-1

任务实施

一、运行 AutoCAD

AutoCAD 有以下三种打开方式。

（1）安装完成后，AutoCAD 会自动在桌面生成一个快捷图标 ，找到桌面快捷键图标后直接用鼠标左键双击，便可启动 AutoCAD。

（2）找到桌面快捷键图标后，鼠标右键单击图标，选择"打开"，便可启动 AutoCAD。

（3）在计算机开始菜单中，找到 AutoCAD 软件，鼠标左键双击便可启动。

二、认识 AutoCAD 界面

1. 新建图纸

点击如图 1-1-2-2 所示"新建"，即可新建一张图纸。

小技巧：点击软件中"开始"旁边的"＋"号，也可以新建图纸哟。快来试试吧！

2. 标题栏

AutoCAD 的标题栏用于显示软件的名称和当前操作的图形名称。

图 1-1-2-2

图 1-1-2-3 最上方中间矩形框标记的部分就是标题栏,在窗口的最上面,显示的程序是 Autodesk AutoCAD 2022,文件名是 drawing1.dwg,这个是直接打开的 AutoCAD,还未命名。在窗口右上角可以选择最大化、最小化及关闭软件,如图 1-1-2-3 所示。

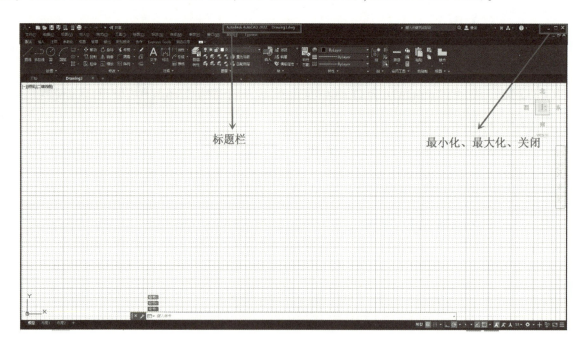

图 1-1-2-3

3. 菜单栏

AutoCAD 的菜单栏包括"文件""编辑""视图""插入""格式""工具""绘图""标注"

"修改""参数""窗口""帮助"和"Express"等菜单。

（1）依照图1-1-2-4中矩形框标记的位置按顺序点开。

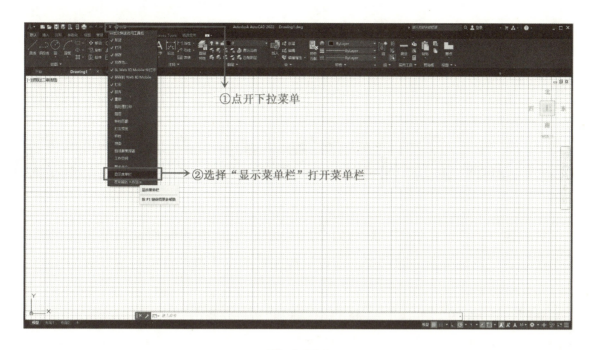

图 1-1-2-4

（2）在菜单栏下还有下拉菜单，可用鼠标点击执行相应的命令操作，还可以用组合按键命令执行。如图1-1-2-5中矩形框所示为打开的菜单栏。

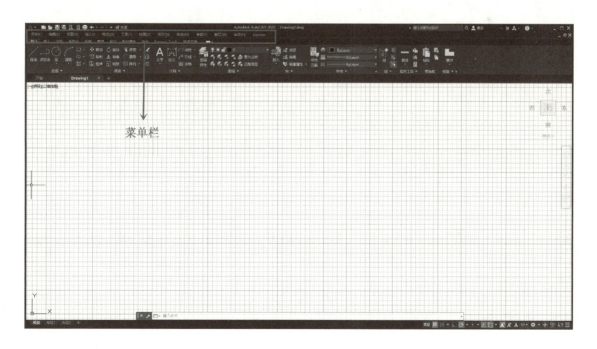

图 1-1-2-5

✏️ 小技巧：在命令行中输入命令"MENUBAR"，将其值设置为"1"，也可以打开菜单栏哟。快来试试吧！

（3）用手机扫描封面二维码，查看资源1-1-2-1，动态演示更直观。

4.功能区

功能区也叫作工具栏，如图1-1-2-6所示。工具栏的按钮可以自行添加或者删除。

图 1-1-2-6

工具栏包含的图标代表用于启动命令的工具按钮，这种形象而又简单直观的图标形式便于初学者记住复杂繁多的命令。通过鼠标左键单击工具栏上的相应图标启动命令是初学者常用的方法之一。

工具栏包括"绘图""修改""注释""图层"和"视图"等。

（1）按如图1-1-2-7所标示顺序打开功能区。

图 1-1-2-7

（2）按如图1-1-2-8所标示顺序勾选所需工具。

（3）工具栏按钮的光标提示。

若想知道工具栏上某个图标的作用，可将光标停留在该图标上，会出现提示，显示该工具按钮的名称和具体用法，如图1-1-2-9所示。

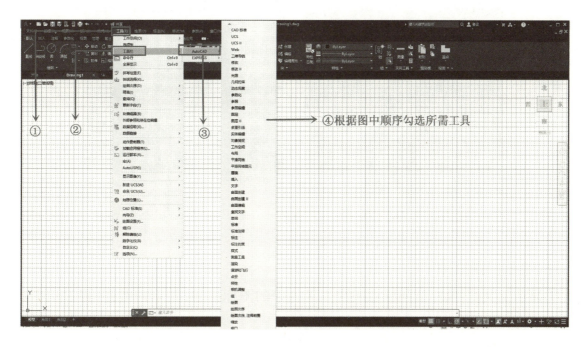

图 1-1-2-8

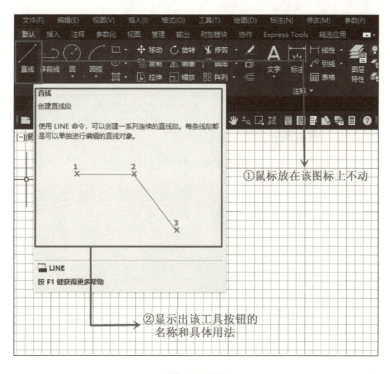

图 1-1-2-9

(4)嵌套式按钮。

有些工具按钮旁边带有黑色小三角符号"▼",表示它是由一系列相关命令组成的嵌套式按钮,如图 1-1-2-10 所示。例如要展开"绘图"工具栏,用鼠标左键单击"绘图"旁的▼,便可展开该按钮组,如图 1-1-2-11 所示。

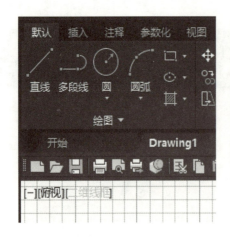
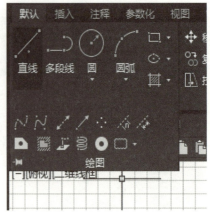

图 1-1-2-10　　　　　　　　　图 1-1-2-11

(5) 显示、关闭工具栏。

①显示工具栏：鼠标指向任意一个工具栏中的图标按钮，并单击右键，将显示工具栏选项菜单，选择所需工具，如图 1-1-2-12 所示。

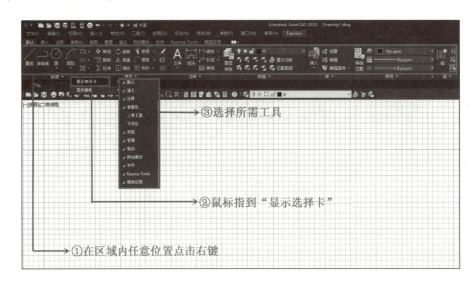

图 1-1-2-12

小提示：在工程选项菜单中带"√"的都是目前在屏幕上已经存在的工具栏。

a. 选择所需工具栏，即可在屏幕上显示该工具栏。

b. 左键单击"▭"按钮，会随点击次数的不同逐次显示或关闭工具栏，如图 1-1-2-13 所示。

图 1-1-2-13

②关闭工具栏:选择任意工具栏,单击右键,选择"关闭"按钮,即可关闭该工具栏,如图 1-1-2-14 所示。

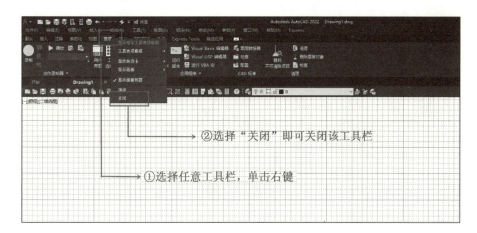

图　1-1-2-14

(6)用手机扫描封面二维码,查看资源 1-1-2-2,动态演示更直观。

5.命令行

命令行是绘图窗口下端的文本窗口,它是通过键盘输入命令的地方。如果命令使用熟练的话,其操作速度要比使用工具栏的工具快很多。

(1)打开、关闭命令行,如图 1-1-2-15 所示。

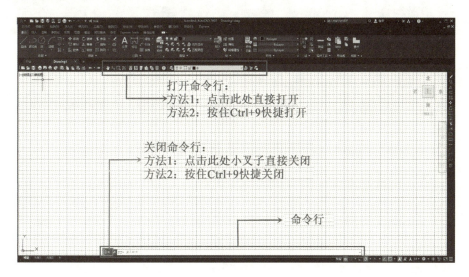

图　1-1-2-15

 小技巧:直接按住快捷键"Ctrl+9"也可以快捷打开和关闭命令行哟。快来试试吧!

(2)命令行作用,一是显示命令步骤,二是通过命令行的滚动条查询命令的历史记录,如图 1-1-2-16 所示。

| 工程CAD基础

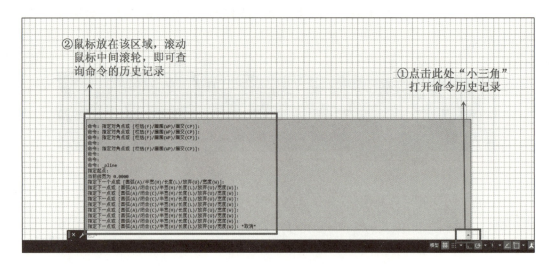

图 1-1-2-16

(3)用手机扫描封面二维码,查看资源1-1-2-3,动态演示更直观。

6.状态栏

状态栏位于窗口的最下端,如图1-1-2-17所示。其包括"对象捕捉""正交""栅格"等,如图1-1-2-18所示。

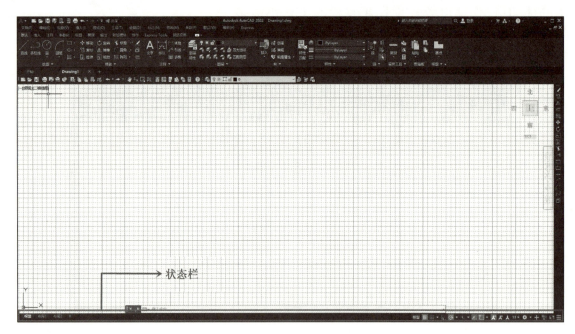

图 1-1-2-17

当图标是浅蓝样式时为启动状态" "。

7.快速访问工具栏

(1)在"管理"选项卡中的"自定义设置"面板中,单击"用户界面",如图1-1-2-19所示。

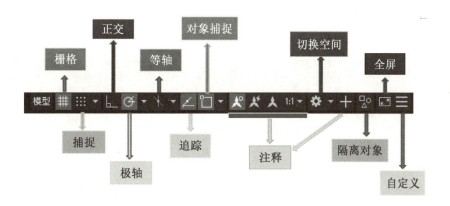

图 1-1-2-18

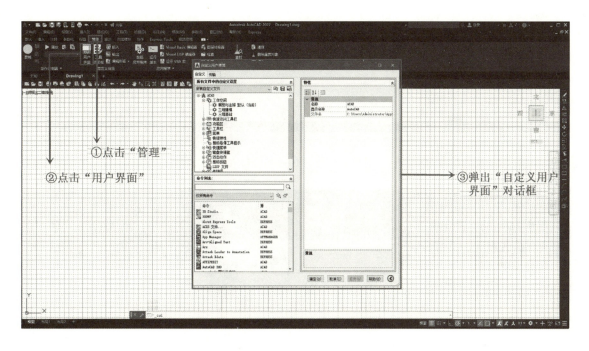

图 1-1-2-19

（2）在弹出的"自定义用户界面"的"自定义"选项卡中，依次展开"快速访问工具栏""快速访问工具栏1"，如图1-1-2-20所示。

（3）在"命令列表"中找到要添加的命令，然后将该命令拖放到"快速访问工具栏"中，并单击"应用"按钮，即可将命令显示到快速访问工具栏中，如图1-1-2-21所示。

（4）从添加的自定义快捷菜单中，可以看到刚才添加的命令已经显示到快捷菜单，如图1-1-2-22所示。

小技巧：直接点击图标""也可以快速访问工具栏哟。快来试试吧！

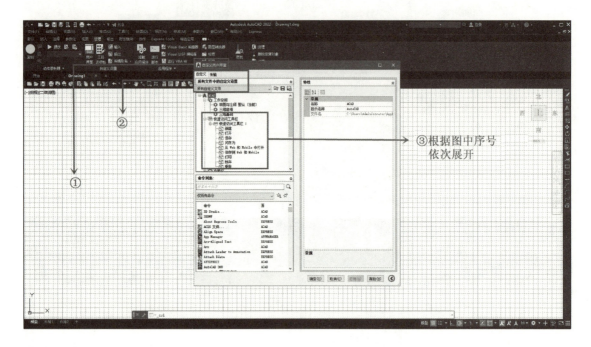

图 1-1-2-20

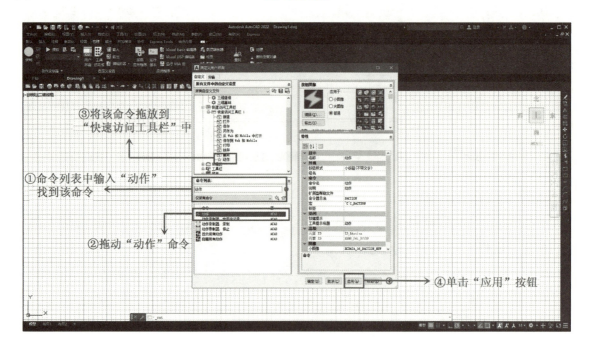

图 1-1-2-21

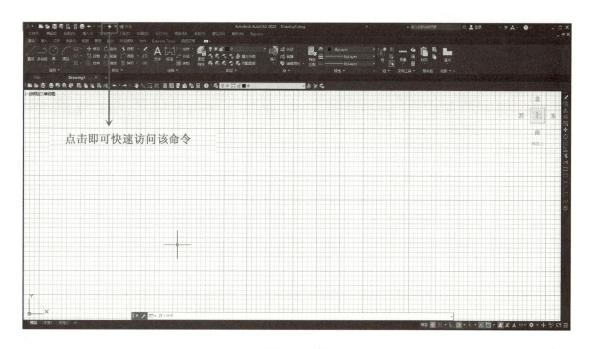

图 1-1-2-22

8. 切换工作空间

（1）打开 AutoCAD 软件，看见默认是"草图与注释"工作空间。

（2）点击窗口右下方的齿轮，在上拉选项中，选择不同的工作空间，如图 1-1-2-23 所示。

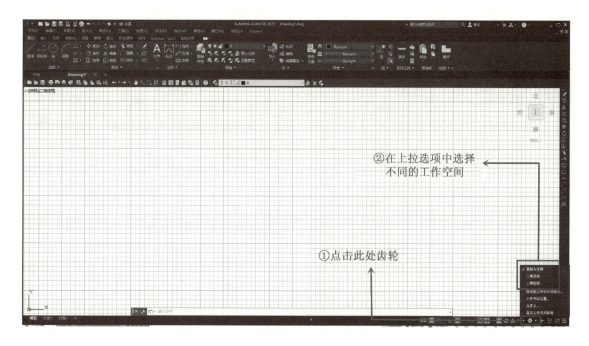

图 1-1-2-23

（3）用手机扫描封面二维码，查看资源 1-1-2-4，动态演示更直观。

9.信息搜索中心

(1)在窗口命令行中单击"文件"→"打开",如图1-1-2-24所示。

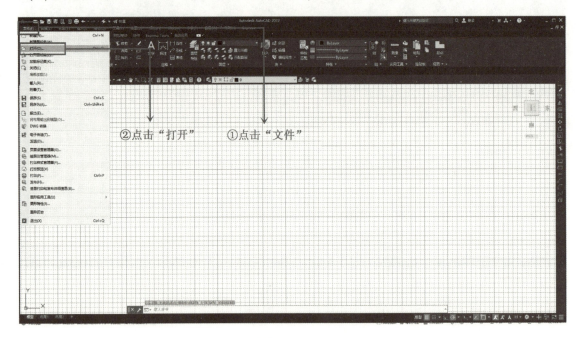

图 1-1-2-24

✏️ 小技巧:直接按住快捷键"Ctrl+O"也可以快捷打开"选择文件"对话框哟。快来试试吧!

(2)在"选择文件"对话框中,依次单击"工具"→"查找",如图1-1-2-25所示。

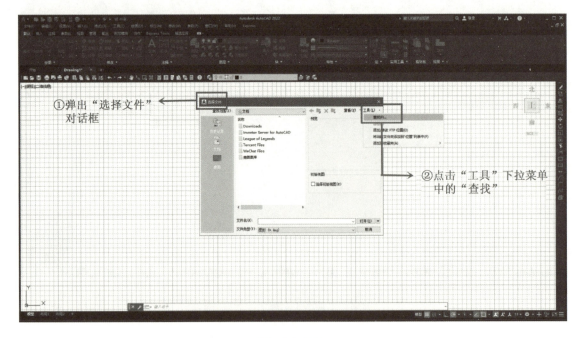

图 1-1-2-25

(3)在"查找"对话框中的"名称和位置"选项卡上,指定文件类型、文件名和路径,如图 1-1-2-26 所示。

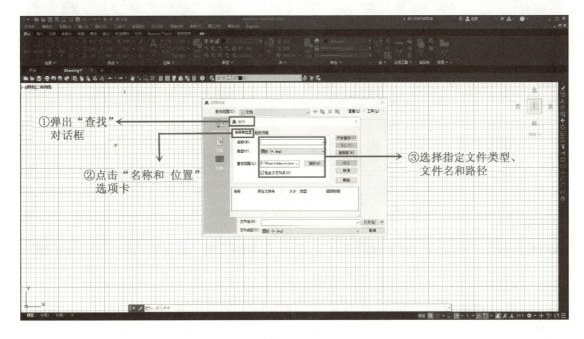

图 1-1-2-26

(4)在"修改日期"选项卡上,单击"所有文件",并单击"开始查找",从搜索结果中选择一个或多个文件,单击"确定",如图 1-1-2-27 所示。

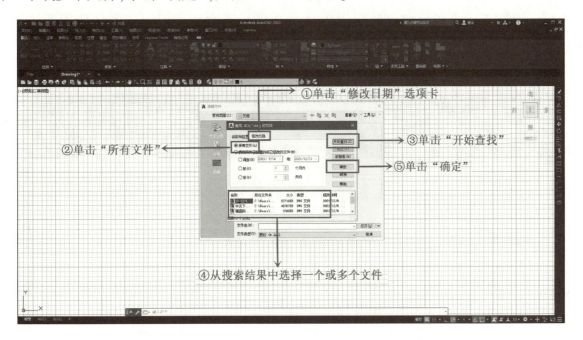

图 1-1-2-27

(5)最后在"选择文件"对话框中单击"打开",就完成了在 AutoCAD 中通过搜索文件查找图纸,如图 1-1-2-28 所示。

图 1-1-2-28

（6）用手机扫描封面二维码，查看资源 1-1-2-5，动态演示更直观。

10. 绘图区

在 AutoCAD 启动后的界面里，窗口中间最大的一块空白区域就是绘图区域，所有的绘制工作都将在这里进行。AutoCAD 的绘图区是没有任何边界的，是一个无限大的区域，这个默认设置下的绘图区窗口就叫作 AutoCAD 的模型空间。但为了方便使用者控制对所绘制图形的分布，需要事先设定绘图区域的大小。

（1）指定第一个点，如图 1-1-2-29 所示。

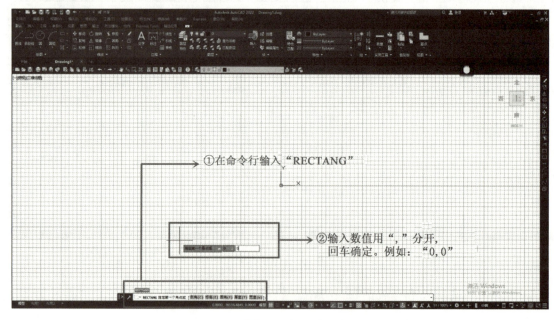

图 1-1-2-29

(2) 指定另一个点,如图 1-1-2-30 所示。

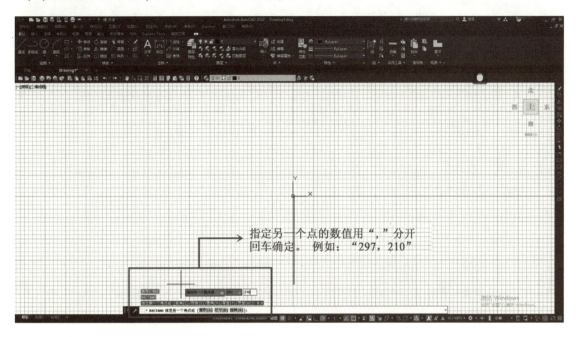

图 1-1-2-30

(3) 获得一个框,如图 1-1-2-31 所示。

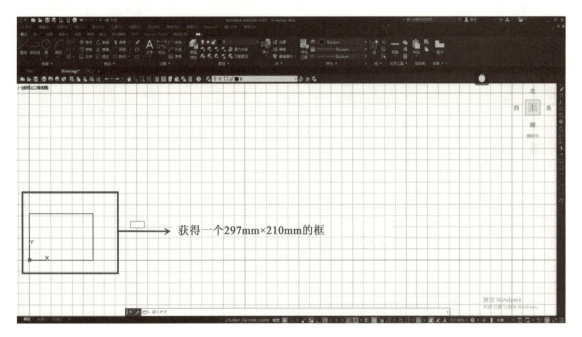

图 1-1-2-31

(4) 设置"图形界限",如图 1-1-2-32 所示。

 小技巧:还有一种方法,可以直接输入"LIMITS"来设置图形空间界限哟,快来试试吧!

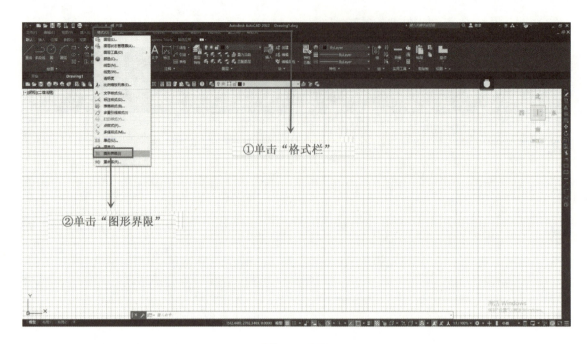

图 1-1-2-32

(5)在命令栏中输入右上角点"@x,y",与前面数值相同,例如:297×210,如图1-1-2-33所示。

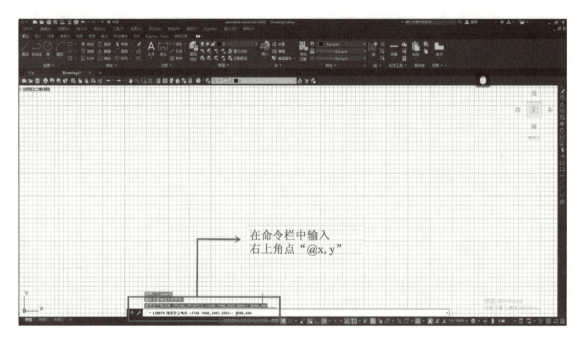

图 1-1-2-33

(6)在绘图过程中,我们仅能在"界限"内绘图,超过界限将会弹出命令"超出图形界限",提示绘图失败,如图1-1-2-34所示。

(7)右键单击"栅格",点击"网格设置",如图1-1-2-35所示,此时栅格显示超出了图形界限范围。

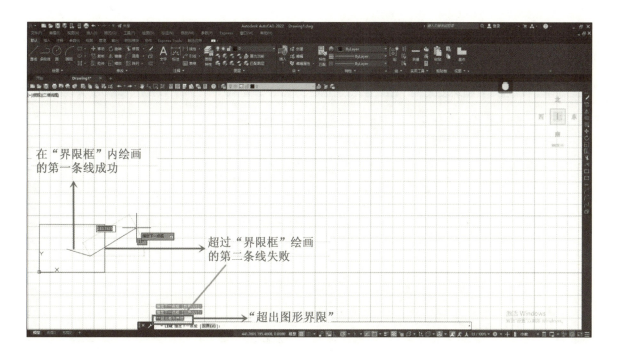

图 1-1-2-34

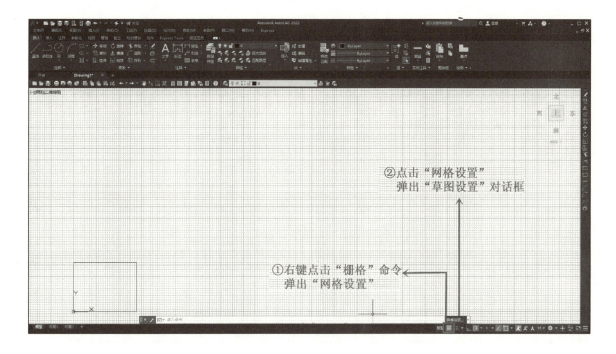

图 1-1-2-35

（8）系统弹出"草图设置"对话框，取消勾选"显示超出界限的栅格"，单击"确定"，如图 1-1-2-36 所示。

（9）栅格只显示在图形界限区域内，完成图形界限的设置，如图 1-1-2-37 所示。

（10）用手机扫描封面二维码，查看资源 1-1-2-6，动态演示更直观。

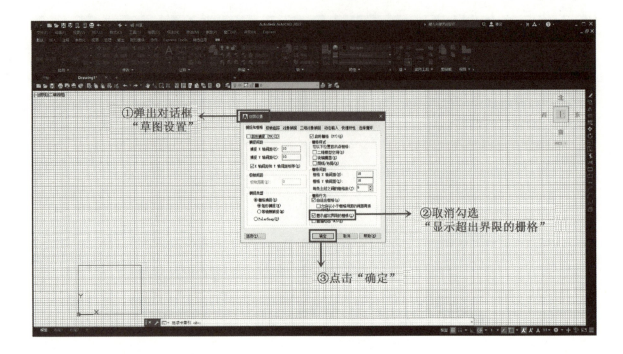

图　1-1-2-36

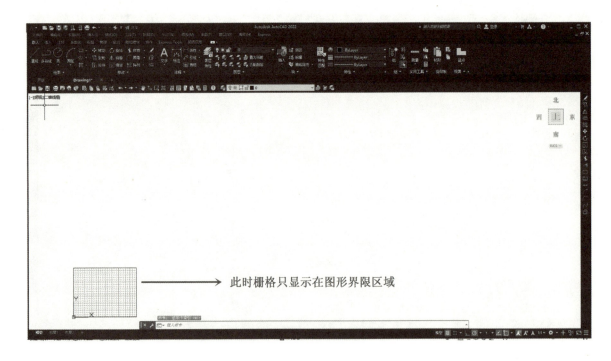

图　1-1-2-37

11. 绘图工具栏（图 1-1-2-38 ~ 图 1-1-2-43）

在使用 Auto CAD 绘图时，会用到软件中的很多绘图功能，这些绘图工具一般位于绘图工具栏中，方便我们使用时调用，下面是关于工具栏的介绍。

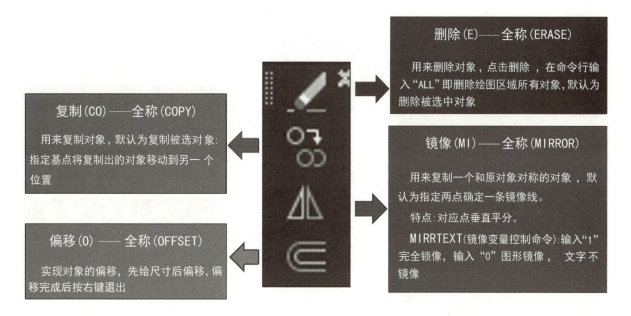

图 1-1-2-38

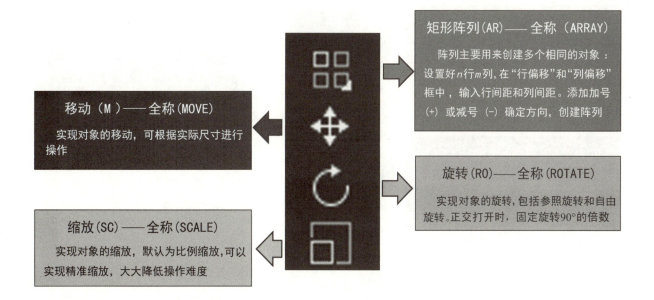

图 1-1-2-39

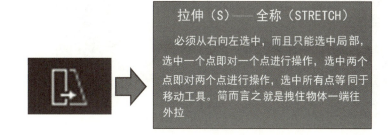

图 1-1-2-40

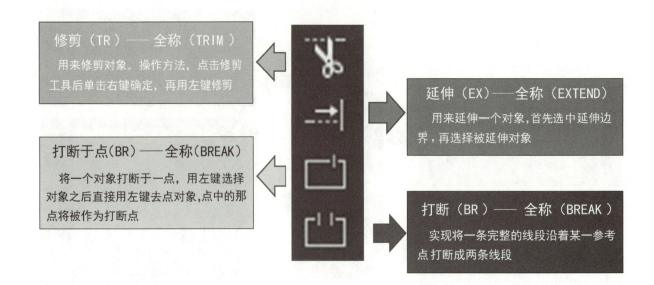

图 1-1-2-41

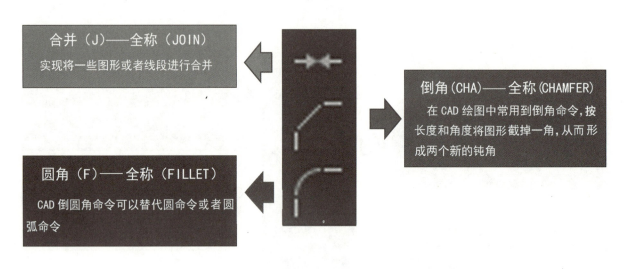

图 1-1-2-42

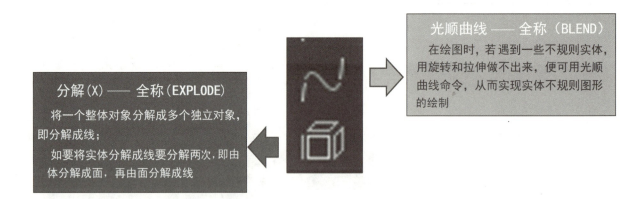

图 1-1-2-43

任务验收

 本节任务中的快捷按钮有哪些呢？一起来记录一下吧！

 对本节任务的学习情况评价一下吧！

任务评价指标				
序号	内容	自评	互评	老师评价
1	新建图纸			
2	菜单栏的使用			
3	功能区的认识			
4	命令行的使用			
5	开启状态栏			
6	切换工作空间			
7	设置绘图区			
8	认识修改工具栏			

评价等级：优秀、良好、合格、不合格。
（优秀：90 分以上；良好：75 到 90 分；合格：60 到 74 分；不合格：60 分以下）

问题与改进：

知识巩固与提升

拓展练习

纸张大小	尺寸规格(mm)	绘制是否成功	存在问题	解决方法
A3	297×420			
B4	257×364			

课后反思

任务三　AutoCAD 2022 图形文件管理

素质目标:培养学生踏实、认真负责的职业素养。

知识目标:掌握AutoCAD图形文件管理使用方法。

能力目标:能完成创建新的图形文件、打开已有的图形文件、保存图形文件及关闭图形文件等操作,能使用快捷命令进行AutoCAD图形文件管理操作。

问题引导

1. 当我们需要绘制一张新的图纸时,我们应该如何做呢?

学会在AutoCAD创建新的图形文件。

2. 绘制复杂的图纸需要较长时间,我们如何使图纸不丢失?且下次能在其基础上继续绘制呢?此外,当我们绘制好一张图纸后,我们应该做什么呢?

学会使用AutoCAD保存图形文件。

3. 当我们需要修改原有的图纸时,我们应该如何做呢?

学会在 AutoCAD 中打开已有的图形文件和关闭图形文件。

任务实施

一、创建新图形文件

(1) 在"文件"下拉菜单中找到"新建"命令,打开"选择样板"对话框,如图 1-1-3-1 所示。

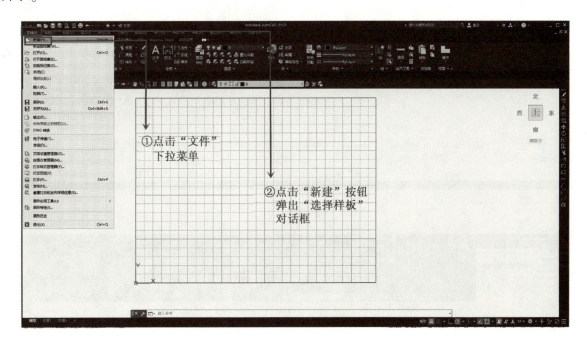

图 1-1-3-1

 小技巧:同时按住快捷键"Ctrl + N",也可以打开"选择样板"对话框哟。快来试试吧!

(2) 在"选择样板"对话框中的"名称"列表框中选中某一样板文件,这时在其右面的"预览"框中将显示出该样板的预览图像。单击"打开"按钮,可以选中的样板文件,为样板创建新图形,此时会显示图形文件的新布局,如图 1-1-3-2 所示。

(3) 用手机扫描封面二维码,查看资源 1-1-3-1,动态演示更直观。

二、打开图形文件

(1) 在"文件"下拉菜单中找到"打开"命令,打开"选择文件"对话框,如图 1-1-3-3

所示。选择需要打开的图形文件,在右边的"预览"框中将显示出该图形的预览图像(见图 1-1-3-2)。在默认情况下,打开的图形文件的格式为.dwg。

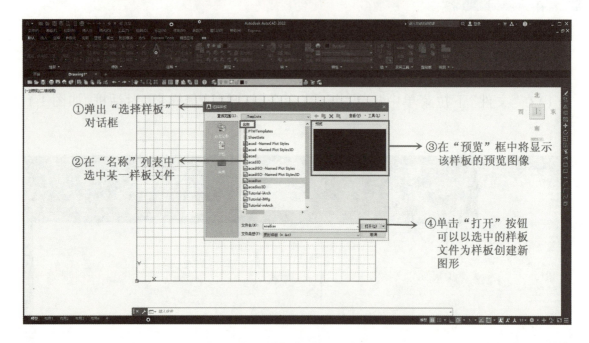

图 1-1-3-2

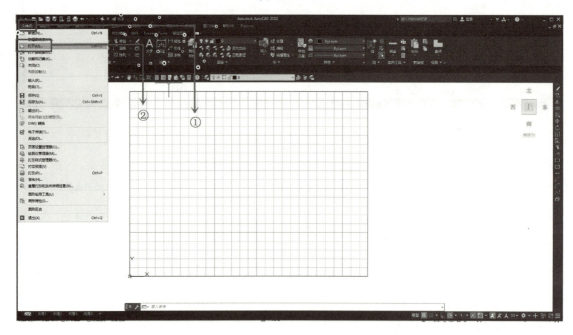

图 1-1-3-3

小技巧:直接按住快捷键"Ctrl + O",也可以快捷打开"选择文件"对话框哟。快来试试吧!

小提示：在 AutoCAD 中，有"打开""以只读方式打开""局部打开"和"以只读方式局部打开"四种方式打开图形文件。

a. 以"打开""局部打开"方式打开图形时，可以对打开的图形进行编辑；

b. 以"以只读方式打开""以只读方式局部打开"方式打开图形时，则无法对打开的图形进行编辑；

c. 以"局部打开""以只读方式局部打开"方式打开图形时，将打开"局部打开"对话框。

可以在"要加载几何图形的视图"选项组中选择要打开的视图，在"要加载几何图形的图层"选项组中选择要打开的图层，然后单击"打开"按钮，即可在视图中打开选中图层上的对象。

（2）用手机扫描封面二维码，查看资源 1-1-3-2，动态演示更直观。

三、保存图形文件

在 AutoCAD 中，可以使用多种方式将所绘图形以文件形式存入各种存储载体，如图 1-1-3-4 所示。

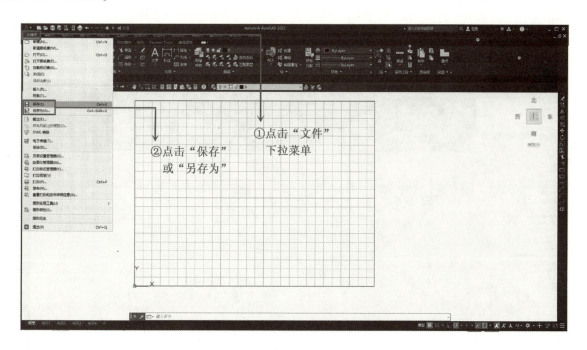

图 1-1-3-4

（1）在"文件"下拉菜单中找到"保存"命令，此方式将以当前使用的文件名保存图形。

文件 ☞ 保存

✏️ 小技巧：直接按住快捷键"Ctrl + S"，也可以快捷打开"保存"命令哟。快来试试吧！

（2）也可以在"文件"下拉菜单中找到"另存为"命令，将当前图形以新的名称进行保存。

✏️ 小技巧：直接按住快捷键"Ctrl + Shift + S"，也可以快捷打开"另存为"命令哟。快来试试吧！

💡 小提示：在第一次保存创建的图形时，系统将打开"图形另存为"对话框。

默认情况下，文件以"AutoCAD2022 图形（*.dwg）"格式保存，也可以在"文件类型"下拉列表框中选择其他格式。

（3）用手机扫描封面二维码，查看资源 1-1-3-3，动态演示更直观。

四、关闭图形文件

（1）在"文件"下拉菜单中找到"关闭"命令，或在绘图窗口中单击"关闭"按钮，可以关闭当前图形文件，如图 1-1-3-5 所示。

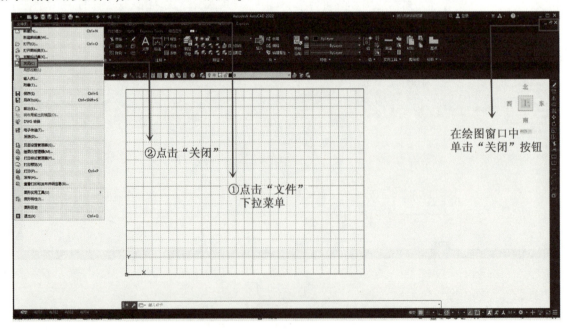

图 1-1-3-5

（2）用手机扫描封面二维码,查看资源1-1-3-4,动态演示更直观。

💡 小提示:如果当前图形文件没有保存,系统将弹出 AutoCAD 警告对话框,询问是否保存文件,如图 1-1-3-6 所示。

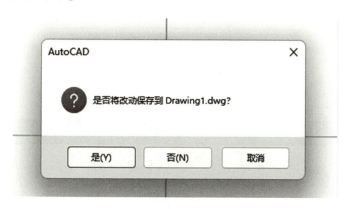

图 1-1-3-6

a. 单击"是(Y)"按钮或直接按 Enter 键,可以保存当前图形文件并将其关闭;
b. 单击"否(N)"按钮,可以关闭当前图形文件但不保存;
c. 单击"取消"按钮,取消关闭当前图形文件操作,既不保存也不关闭。

如果当前所编辑的图形文件没有命名,那么单击"是(Y)"按钮后,AutoCAD 会打开"图形另存为"对话框,要求用户确定图形文件存放的位置和名称。

任务验收

 对本节任务的学习情况评价一下吧!

任务评价指标				
序号	内容	自评	互评	老师评价
1	创建新图形文件			
2	打开图形文件			
3	保存图形文件			
4	关闭图形文件			
评价等级:优秀、良好、合格、不合格。 (优秀:90 分以上;良好:75 到 90 分;合格:60 到 74 分;不合格:60 分以下)				
问题与改进:				

知识巩固与提升

拓展练习

练习项目	是否掌握学习内容		存在问题	解决方法
新建图形文件	是	否		
打开图形文件	是	否		
保存图形文件	是	否		
关闭图形文件	是	否		

课后反思

任务四　AutoCAD 2022 系统配置

素质目标:培养学生随机应变的能力、敢于变通的职业素养。
知识目标:掌握 AutoCAD 系统设置方法。
能力目标:能根据自己的需求设置 AutoCAD。

问题引导

1. 为什么要设置 AutoCAD 功能?

如购买了一辆新自行车,调节合适的座椅位置,骑行才会更加舒适。使用 AutoCAD 绘图也一样,设置好 AutoCAD 的功能,会让绘图事半功倍。

2. 如何设置 AutoCAD?

了解 AutoCAD 的基本设置,并通过各选项卡功能来设置。

任务实施

一、"文件"选项卡

（1）首先打开 AutoCAD 软件，新建任意一张 AutoCAD 图纸。

（2）在"工具"下拉菜单中找到"选项"命令，单击后弹出"选项"对话框，如图 1-1-4-1 和图 1-1-4-2 所示。

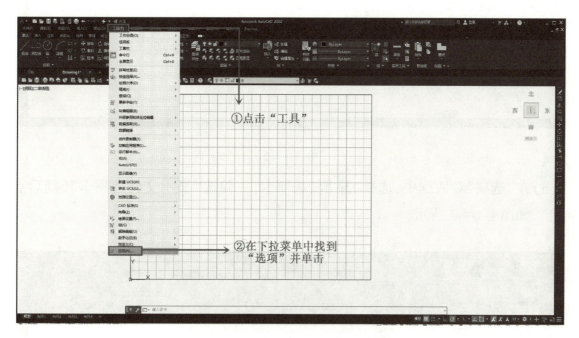

图　1-1-4-1

✏️ *小技巧*：还有一种方法，在命令栏直接输入快捷键"OP"也可以打开"选项"对话框哟。快来试试吧！

（3）在"选项"对话框中，选择"文件"选项卡，并点击"添加"按钮，在系统跳转到的储存位置中选择需要设置的选项内容，点击"应用"，随后点击"确定"，如图 1-1-4-2 所示。

二、"显示"选项卡

（1）首先打开 AutoCAD 软件，新建任意一张 AutoCAD 图纸。

（2）在"工具"下拉菜单中找到"选项"命令，单击后弹出"选项"对话框，如图 1-1-4-1 所示。

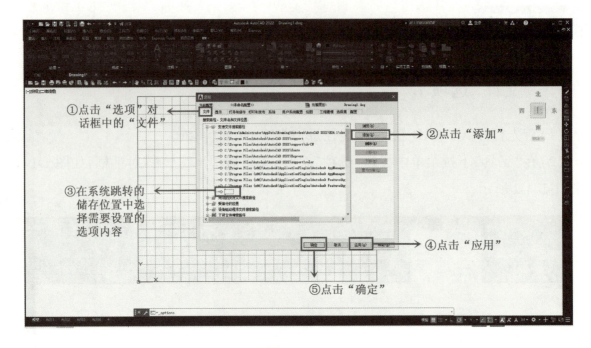

图 1-1-4-2

(3)在"选项"对话框中,选择"显示"选项卡,并勾选"显示文件选项卡",随后点击"确定",如图 1-1-4-3 所示。

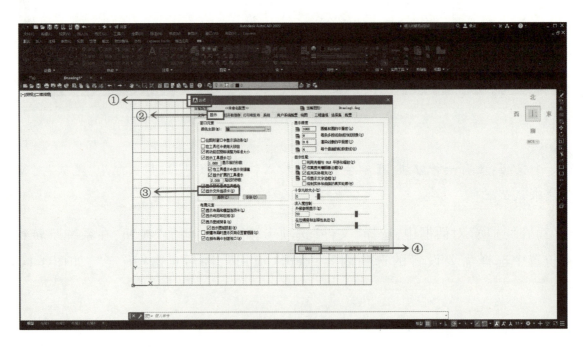

图 1-1-4-3

(4)退出后,在 AutoCAD 菜单下,文件夹选项卡就显示出来了,可以快速进行窗口的切换,如图 1-1-4-4 所示。

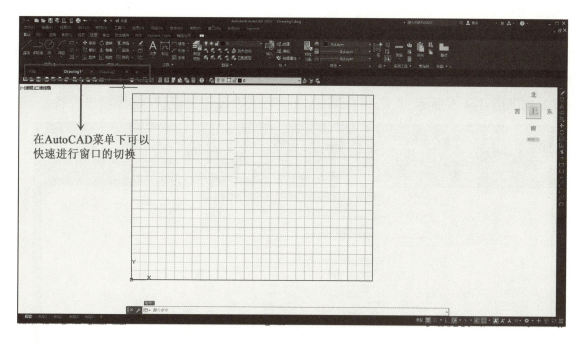

图 1-1-4-4

三、"打开和保存"选项卡

（1）首先打开 AutoCAD 软件，新建任意一张 AutoCAD 图纸。

（2）在"工具"下拉菜单中找到"选项"命令，单击后弹出"选项"对话框，如图1-1-4-1所示。

（3）如图 1-1-4-5 所示，点击"打开和保存"菜单进入相关设置，点击"另存为"，选择保存格式，选择所需的版本号，点击"确定"按钮保存。

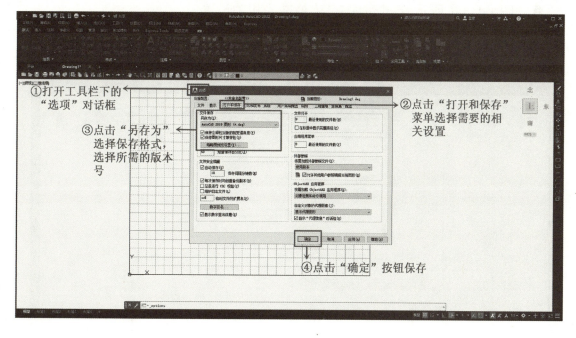

图 1-1-4-5

工程CAD基础

四、"打印和发布"选项卡

(1)打开工具栏下的"选项"对话框。

(2)如图1-1-4-6所示,点击"打印和发布"菜单进入相关设置,选择输出设备。

图 1-1-4-6

五、"系统"选项卡

(1)打开工具栏下的"选项"对话框。

(2)如图1-1-4-7所示,点击"系统"菜单进入相关设置。

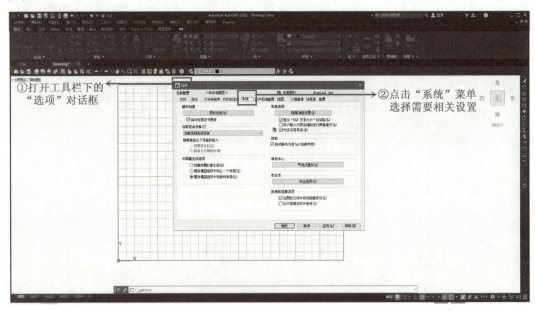

图 1-1-4-7

（3）系统选项卡对话框中有很多设置，主要包括布局重生成选项设置和数据库链接选项设置等。

六、"用户系统配置"选项卡

（1）打开工具栏下的"选项"对话框。

（2）如图1-1-4-8所示，点击"用户系统配置"菜单进入，选择需要的相关设置。

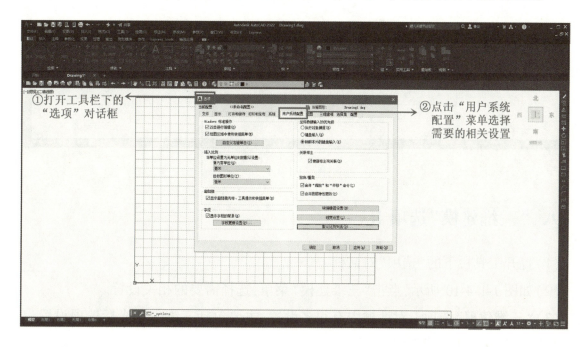

图 1-1-4-8

（3）在"用户系统配置"的对话框中有很多设置，主要包括自定义右键功能设置、图形单位比例设置等。

（4）自定义右键：单击自定义右键，出现设置对话框。当我们执行一个绘图命令结束后，如果还想执行这个命令，那么可以设置自定义右键。如果自定义了右键，直接右击鼠标就可以直接重复上一个命令了。此外，当执行命令过程中想要结束命令，也可以点击鼠标右键结束命令。

七、"绘图"选项卡

（1）打开工具栏下的"选项"对话框。

（2）如图1-1-4-9所示，点击"绘图"菜单进入，选择需要的相关设置。

（3）AutoCAD默认状态下自动捕捉标记和靶框都很小，会给绘图带来不便，设置适合的大小可以方便使用。

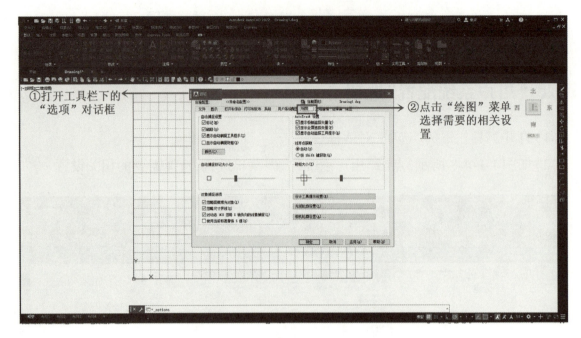

图 1-1-4-9

八、"三维建模"选项卡

(1) 打开工具栏下的"选项"对话框。

(2) 如图 1-1-4-10 所示,点击"三维建模"菜单,选择需要的相关设置。

(3) "三维建模"选项卡对话框中有很多设置,主要包括三维十字光标选项设置、三维导航及三维对象的选项设置等。

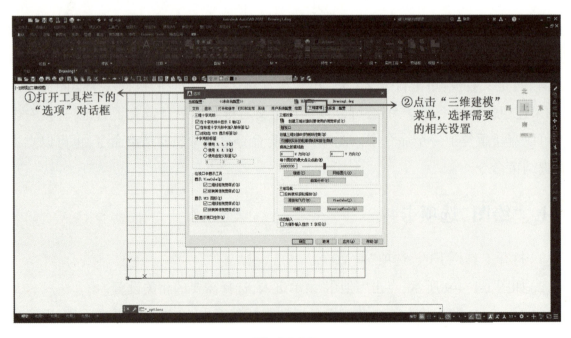

图 1-1-4-10

九、"选择集"选项卡

（1）打开工具栏下的"选项"对话框。

（2）如图1-1-4-11所示，点击"选择集"菜单进入相关设置。

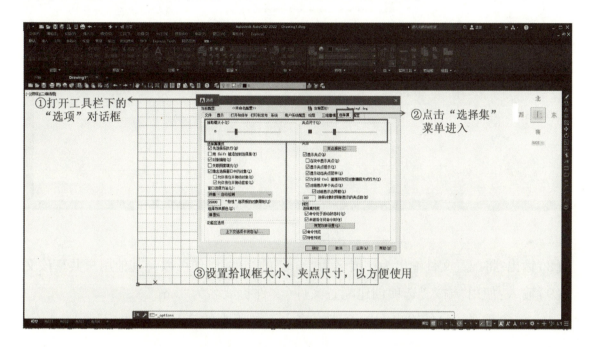

图 1-1-4-11

（3）设置拾取框大小、夹点尺寸，以方便使用。

（4）调整"拾取框大小"，拉动旁边的滑动条可以调整整个拾取框的大小。

（5）点击"夹点大小""夹点"可以修改夹点的大小和颜色，调整选中图形后显示的点的效果。

十、"配置"选项卡

（1）打开工具栏下的"选项"对话框。

（2）如图1-1-4-12所示，点击"配置"菜单进入，选择需要的相关设置。

（3）可用配置：显示可用配置的列表。

（4）置为当前：使选定的配置成为当前配置。

（5）添加到列表：显示"添加配置"对话框，用其他名称保存选定配置。

（6）重命名：显示"更改配置"对话框，更改选定配置的名称和说明。要重命名一个配置但又希望保留其当前设置时，可使用"重命名"。

（7）删除：删除选定的配置（当前配置无法删除）。

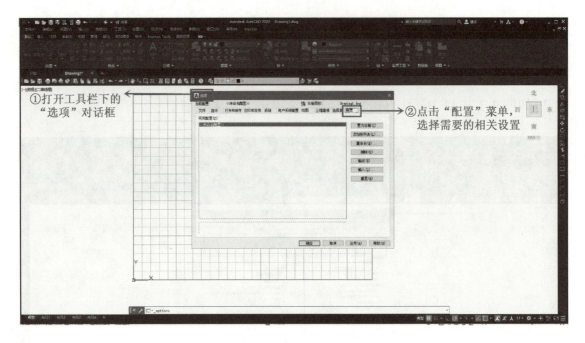

图 1-1-4-12

（8）输出：将配置文件输出为扩展名为".arg"的文件，以便可以与其他用户共享该文件。

（9）输入：使用"输入"选项创建配置文件（文件扩展名为".arg"）。

（10）包含重要信息的输出配置不建议输入不同版本的产品。例如，不要从 AutoCAD Electrical 输出配置，然后将其输入到当前 AutoCAD 版本。

（11）重置：将选定配置中的值重置为系统默认设置。

任务验收

 对本节任务的学习情况评价一下吧！

任务评价指标				
序号	内容	自评	互评	老师评价
1	"文件"选项卡的使用			
2	"显示"选项卡的使用			
3	"打开与保存"选项卡的使用			
4	"用户设置"选项卡的使用			
5	"绘图"选项卡的使用			
6	"三维建模"选项卡的使用			
评价等级：优秀、良好、合格、不合格。 （优秀：90 分以上；良好：75 到 90 分；合格：60 到 74 分；不合格：60 分以下）				
问题与改进：				

知识巩固与提升

拓展练习				
选项卡	自行建立新图纸练习选项卡中的设置			
	拓展一	拓展二	拓展三	拓展四
文件				
显示				
打开和保存				
打印和发布				
系统				
用户系统配置				
绘图				
三维建模				
选择集				
配置				

课后反思

项目任务测评

素养测评			
序号	培养目标	素养点	完成情况
1	自觉意识	服从老师的管理,进入机房自觉遵守管理制度,不随便触碰计算机	
		认真阅读并自觉遵守机房的规则制度	
2	操作意识	认真阅读计算机的使用说明,规范操作计算机	
		根据 AutoCAD 的安装步骤安装软件	
3	安全意识	禁止带水、食物进入机房	
		不随便移动计算机及关闭计算机电源	

续上表

序号	培养目标	素养点	完成情况
4	学习态度	课前预习完成情况	
		课中安装软件完成情况	
		课后操作软件完成情况	
5	规范意识	进入机房后合理操作计算机	
		规范安装 AutoCAD 软件和完成后的规范使用	
6	勤奋好学	操作计算机时如有问题,及时向老师和同学询问	
		课后作业及时完成,如有问题可查阅相关资料	
7	劳动精神	离开机房时自觉维持机位整洁	
		本班学生分组值日,轮流打扫机房卫生	

目标完成情况:已完成的目标栏请打√。

知 识 测 评

要求:
(1)在熟练操作计算机的前提下,了解 AutoCAD 的安装要求,并在计算机上安装好该软件。
(2)认识 AutoCAD 的界面,并能够掌握界面中每个功能的应用。
(3)根据自身学习情况、对所学知识进行查漏补缺。
(4)学习结束后对自身能力进行自评,及时了解学习情况。

任务一:AutoCAD 2022 的安装

序号	任务要求	完成情况:在对应的括号里打√		
1	计算机的规范使用	了解( )	理解( )	掌握( )
2	AutoCAD 对系统的要求	了解( )	理解( )	掌握( )
3	安装 AutoCAD	了解( )	理解( )	掌握( )

了解:看懂操作要求,但不能亲自动手操作。
理解:看懂操作要求,根据要求亲自动手操作,但动作生疏。
掌握:看懂操作要求,根据要求亲自动手操作,且动作熟练。

任务二:AutoCAD 2022 用户操作界面及主要功能

请根据图 1 所示,完成任务二相关内容的填写。

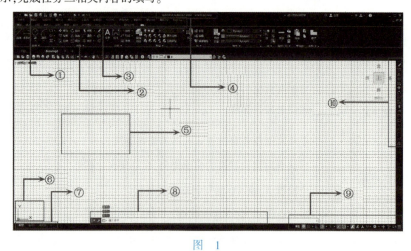

图 1

续上表

序号	图示	名称	等级自评
1			
2			
3			
4			
5	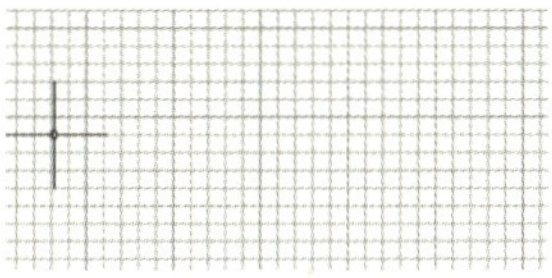		
6	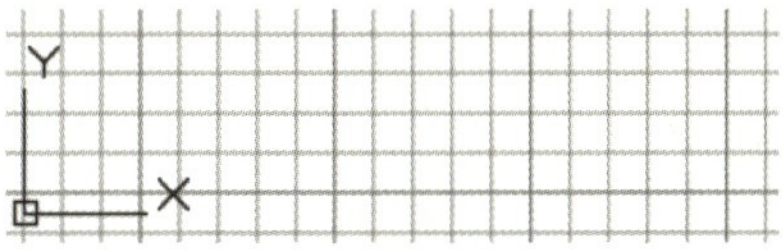		
7			
8			
9			

续上表

序号	图示	名称	等级自评
10			

评价等级:优秀、良好、合格、不合格。
(优秀:90 分以上;良好:75 到 90 分;合格:60 到 74 分;不合格:60 分以下)

任务三:AutoCAD 2022 图形文件管理			
序号	命令执行	命令行	快捷命令	等级自评
1	创建新图形文件			
2	打开图形文件			
3	保存图形文件			
4	关闭图形文件			

评价等级:优秀、良好、合格、不合格。
(优秀:90 分以上;良好:75 到 90 分;合格:60 到 74 分;不合格:60 分以下)

任务四:AutoCAD 2022 系统配置		
序号	名称	技能点	等级自评
1	"文件"选项卡		
2	"显示"选项卡		
3	"打开和保存"选项卡		

续上表

序号	名称	技能点	等级自评
4	"打印和发布"选项卡		
5	"系统"选项卡		
6	"用户系统配置"选项卡		
7	"绘图"选项卡		
8	"三维建模"选项卡		
9	"选择集"选项卡		
10	"配置"选项卡		

评价等级:优秀、良好、合格、不合格。
(优秀:90分以上;良好:75到90分;合格:60到74分;不合格:60分以下)

技 能 测 评

任务一:AutoCAD 2022 的安装

序号	技能点	注意事项	操作评价
1	计算机的规范使用		
2	AutoCAD 的安装		
3	AutoCAD 的规范操作		

操作评价等级:优秀、良好、合格、不合格。

任务二:AutoCAD 2022 用户操作界面及主要功能

序号	界面名称	作用	操作步骤	操作评价
1	快速访问工具栏			
2	功能区			
3	菜单栏			
4	标题栏			
5	绘图区			
6	坐标系图标			
7	布局标签			
8	命令行窗口			
9	状态栏			
10	导航栏			

操作评价等级:优秀、良好、合格、不合格。

续上表

任务三:AutoCAD 2022 图形文件管理				
序号	界面名称	作用	操作步骤	操作评价
1	创建新图形文件			
2	打开的图形文件			
3	保存图形文件			
4	关闭图形文件			

操作评价等级:优秀、良好、合格、不合格。

任务四:AutoCAD 2022 系统配置				
序号	界面名称	作用	操作步骤	操作评价
1	"文件"选项卡			
2	"显示"选项卡			
3	"打开和保存"选项卡			
4	"打印和发布"选项卡			
5	"系统"选项卡			
6	"用户系统配置"选项卡			
7	"绘图"选项卡			
8	"三维建模"选项卡			
9	"选择集"选项卡			
10	"配置"选项卡			

操作评价等级:优秀、良好、合格、不合格。

拓 展 测 评

要求:

(1)在老师的指导下,能够认识如图 2 所示的 AutoCAD 工作界面,并能够掌握其各自的功能和区别。

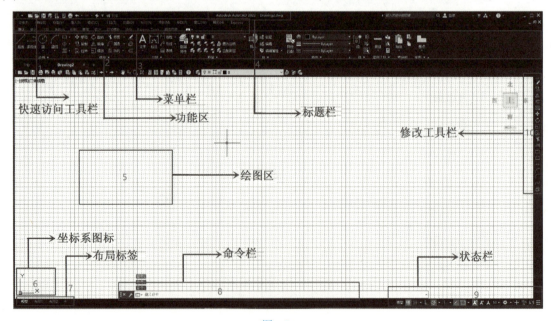

图 2

续上表

(2)在老师的指导下,能够理解图 3 中图纸的各要素组成。

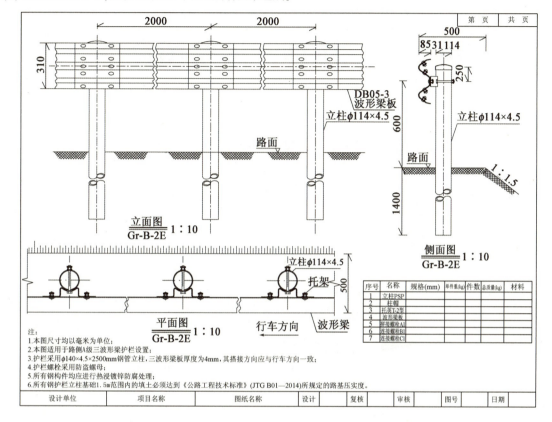

图 3

(3)结合本项目所学的知识和通过网上资料收集,归纳出图 3 涉及本项目的知识内容,并整理填写在下面,你是否已经掌握这些知识?

涉及的知识内容:

项目二　简单二维绘图命令

任务一　点、直线、曲线图形的绘制

素质目标:培养学生踏实、认真负责的职业素养。
知识目标:掌握绘制点、直线、曲线图形的方法。
能力目标:能绘制一些简单的图形。

对搞科学的人来说,勤奋就是成功之母!　　　　　——工程教育家茅以升

问题引导

1. 万丈高楼平地起,把基础打牢是重中之重。修建公路也是同理,想要修好一条公路,我们需要哪些坚实的基础呢?

这其中重要的一环就是要设计出一张合理、规范的施工图。

2. 我们知道,任何的图都是由若干的点、直线、曲线等元素构成的。在 AutoCAD 软件中,该如何使用点、直线、曲线绘图呢?

这将是我们本次任务需要掌握的知识和技能,尤应关注点、线绘制时需确定的起始位置、长度大小、倾斜角度等。

任务实施

一、绘制点

点是组成图形的最基本元素,通过 AutoCAD 可以绘制出不同形式的点。

1.绘制点命令的激活方式

(1)激活多点命令

激活多点命令可选择手动激活和快捷键激活。

①手动激活。操作步骤如图1-2-1-1所示。

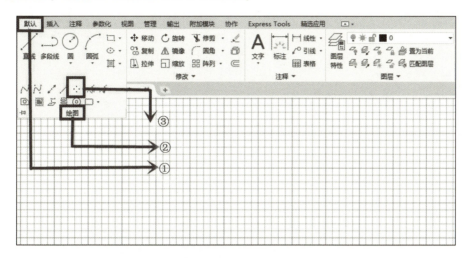

图 1-2-1-1

②快捷键激活。操作步骤如下所示。

键入命令如图1-2-1-2所示。

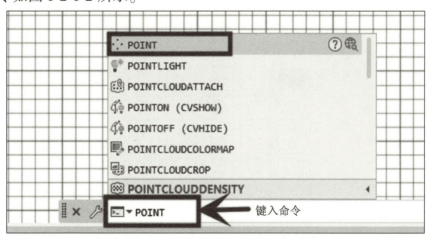

图 1-2-1-2

✏️ 小技巧:激活多点命令还有一种方法,输入快捷键"PO"也可以直接完成哟。快来试试吧!

(2)视频演示

用手机扫描封面二维码,查看资源1-2-1-1,动态演示更直观。

(3)设置点样式

①手动激活。操作步骤如图1-2-1-3所示。

图 1-2-1-3

②快捷键激活。操作步骤如下所示。

键入命令如图1-2-1-4所示。

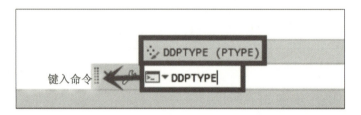

图 1-2-1-4

以上两种方法都可以打开"点样式"命令,系统弹出的"点样式"对话框如图1-2-1-5所示,可以在其中设置20种点的显示样式和大小。

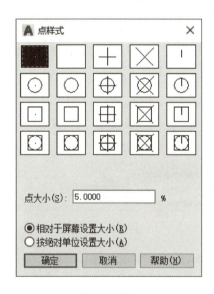

图 1-2-1-5

对于点的尺寸大小,在图1-2-1-5中对话框的最下面有两个单选按钮"相对于屏幕设置大小(R)"和"按绝对单位设置大小(A)"。用户可以根据实际需要进行选择。

2.绘制定数等分点命令

对于定数等分点命令,可以在选定的图形对象(如直线、圆弧、圆、多段线等)的等分处放置点或插入块,而不将所选图形对象分割成若干子对象。

(1)手动激活

操作步骤如图 1-2-1-6 所示。

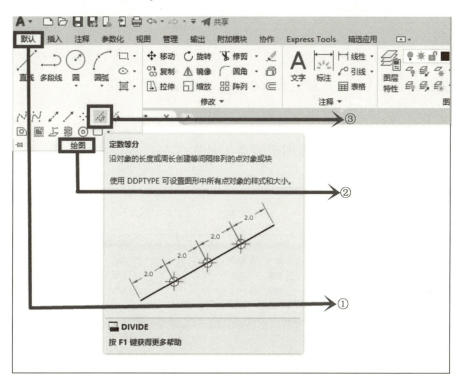

图　1-2-1-6

(2)快捷键激活

①操作步骤如下所示。

②键入命令如图 1-2-1-7 所示。

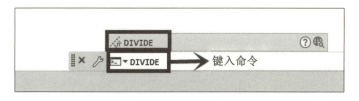

图　1-2-1-7

✎ 小技巧:绘制定数等分点还有一种方法,输入快捷键"DIV"也可以直接完成哟。快来试试吧!

③命令操作如下所示。

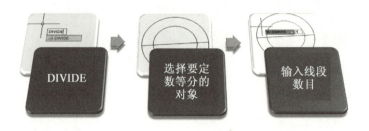

(3)视频演示

用手机扫描封面二维码,查看资源 1-2-1-2,动态演示更直观。

3.绘制定距等分点命令

定距等分点是按给定的长度在图形对象上放置等分点标记或插入块。

(1)手动激活

操作步骤如图 1-2-1-8 所示。

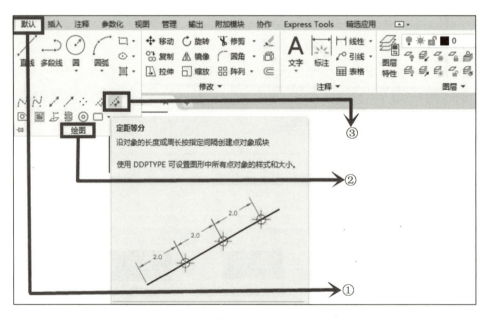

图 1-2-1-8

(2)快捷键激活

①操作步骤如下所示。

②键入命令如图 1-2-1-9 所示。

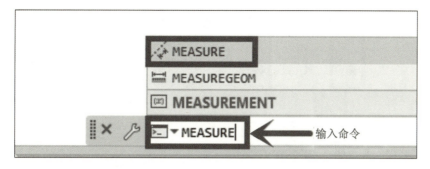

图 1-2-1-9

③命令操作如下所示。

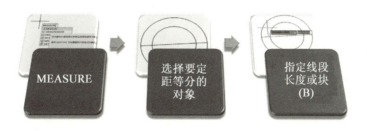

(3) 视频演示

用手机扫描封面二维码,查看资源1-2-1-3,动态演示更直观。

💡 小提示:用 MEASURE 命令绘制点时,在"选择要定距等分的对象:"提示下选择对应的对象后,AutoCAD 总是从距离选择点近的一端开始绘制点。

二、绘制直线命令

直线命令是基本的绘图命令之一,通过 AutoCAD 可以绘制出不同形式的直线。LINE 命令的激活如下:

(1) 手动激活

操作步骤如图 1-2-1-10 所示。

(2) 快捷键激活

①操作步骤如下所示。

②输入命令如图 1-2-1-11 所示。

 小技巧:绘制直线还有一种方法,输入快捷键"L"也可以直接完成哟。快来试试吧!

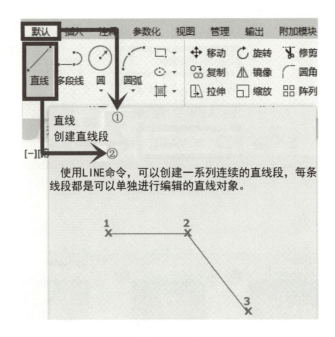

图 1-2-1-10

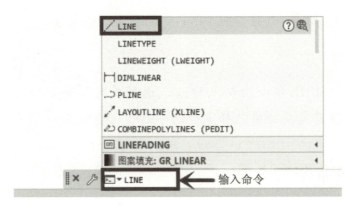

图 1-2-1-11

③命令操作。

> 命令:LINE↵
> 指定第一点：
> 指定下一点或[放弃(U)]：
> 指定下一点或[闭合(C)/放弃(U)]：

输入直线的起点后，AutoCAD 将反复提示输入下一点，直至用 Enter 键或输入 C 结束 LINE 命令。

（3）视频演示

用手机扫描封面二维码，查看资源 1-2-1-4，动态演示更直观。

三、绘制多段线命令

多段线由连续的线段和圆弧组成,这些线段和圆弧可以有不同的宽度。

PLINE 命令的激活如下:

(1)手动激活

操作步骤如图 1-2-1-12 所示。

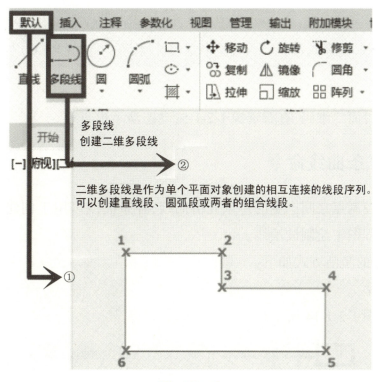

图　1-2-1-12

(2)快捷键激活

①操作步骤如下所示。

②输入命令如图 1-2-1-13 所示。

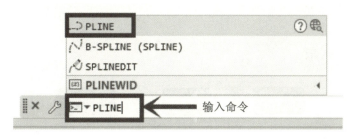

图　1-2-1-13

小技巧:绘制多段线还有一种方法,输入快捷键"PL"也可以直接完成哟。快来试试吧!

③命令操作。

> 命令:PLINE↙
> 指定起点:
> 指定下一个点或[圆弧(A)/半宽(H)/长度(L)/放弃(U)/宽度(W)]:
> 指定下一点或[圆弧(A)/闭合(C)/半宽(H)/长度(L)/放弃(U)/宽度(W)]:

(3)视频演示

用手机扫描封面二维码,查看资源1-2-1-5,动态演示更直观。

四、绘制样条曲线命令

样条曲线是控制点之间产生的一条光滑曲线,样条曲线可用于创建形状不规则的曲线。例如可在工程图中绘制波浪线。

SPLINE命令的激活方式如下:

(1)手动激活

操作步骤如图1-2-1-14所示。

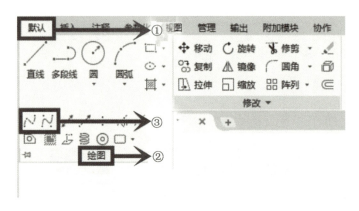

图 1-2-1-14

(2)快捷键激活

①操作步骤如下所示。

②输入命令如图1-2-1-15所示。

图 1-2-1-15

 小技巧:绘制样条曲线还有一种方法,输入快捷键"SPL"也可以直接完成哟。快来试试吧!

③命令操作。

> 命令:SPLINE↙
> 指定第一点:
> 输入下一个点或[端点相切(T)/公差(L)/放弃(U)]:
> 输入下一个点或[端点相切(T)/公差(L)/放弃(U)/闭合(C)]:

(3)视频演示

用手机扫描封面二维码,查看资源1-2-1-6,动态演示更直观。

任务验收

对本节任务的学习情况评价一下吧!

任务评价指标				
序号	内容	自评	互评	老师评价
1	点的绘制			
2	直线的绘制			
3	多段线的绘制			
4	样条曲线的绘制			
评价等级:优秀、良好、合格、不合格。 (优秀:90分以上;良好:75到90分;合格:60到74分;不合格:60分以下)				
问题与改进:				

知识巩固与提升

一、知识巩固

请绘制如图 1-2-1-16 所示的图形。

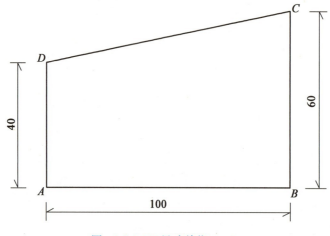

图 1-2-1-16(尺寸单位:mm)

二、能力提升

图 1-2-1-17 所示为学校草坪绿化平面图,请同学们根据尺寸要求将其准确绘制出来。

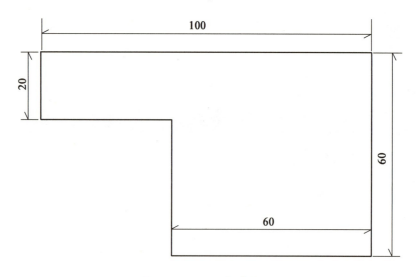

图 1-2-1-17(尺寸单位:m)

三、学以致用

(1)图 1-2-1-18 所示为某城市地铁交通规划图,请同学们用 AutoCAD 绘制。

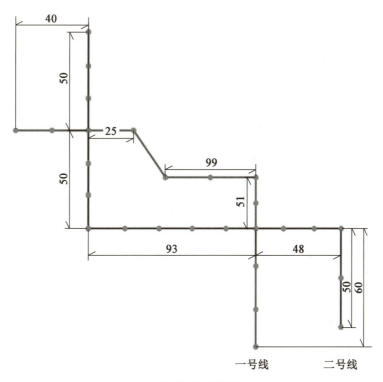

图 1-2-1-18(尺寸单位:m)

(2)图 1-2-1-19 所示为建筑室内平面图,请同学们利用 AutoCAD 绘制其主要轮廓。

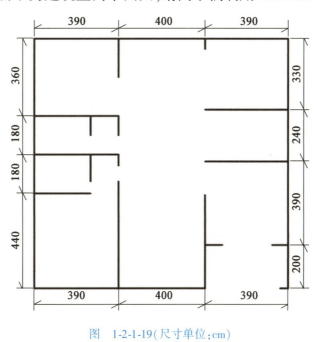

图 1-2-1-19(尺寸单位:cm)

课 后 反 思

任务二　圆曲线及圆类图形的绘制

素质目标:培养学生胆大心细、认真负责的职业素养。

知识目标:掌握圆曲线及圆类图形的参数化绘制方法。

能力目标:能动手实操、手脑并用,在熟悉 AutoCAD 软件的同时提高自身实践能力,通过图形绘制掌握画法几何的技巧。

困难只能吓倒懒汉懦夫,而胜利永远属于攀登高峰的人们。——工程教育家茅以升

问题引导

1. 圆是一种看似简单实际上十分奇妙的图形。绝大部分的物体形状是以抽象的几何形状为基础的,而几何形状是人们从大自然中概括提炼出来的。古人最早是从太阳、阴历十五的月亮中得到圆的概念。那么在两千多年前,墨子是怎么给圆定义的呢?

圆,一中同长也。这句话的意思是:圆有一个圆心,圆心到圆周的长都相等。

2. 古人认为圆是神赐给人的神圣图形,在传统观念中圆形是一个寓意圆圆满满的形状,比起其他形状的设计,圆形更能带给我们温暖、圆润的感觉。那么"圆"在公路工程设计中主要是以什么样的形式存在呢?

道路环形交叉口就有"圆"的存在。

3. 在认识圆的基础上,本次任务怎么开展呢?

(1)应用 AutoCAD 软件绘制圆类简单图形;

(2)进行简单草图设置及简图绘制,先熟悉二维图形基本命令,再结合公路工程常用图形进行简单绘图。

任务实施

一、绘制圆命令

通过 CIRCLE 命令创建圆对象。

CIRCLE 命令的激活方式如下：

（1）手动激活

操作步骤如图 1-2-2-1 所示。

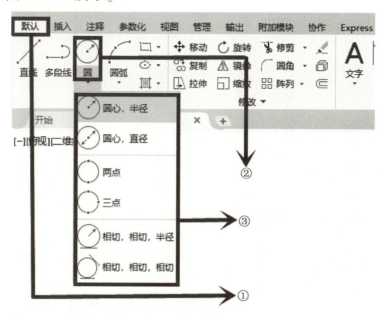

图 1-2-2-1

（2）快捷键激活

①操作步骤如下所示。

②命令键入如图 1-2-2-2 所示。

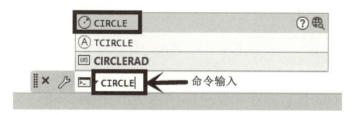

图 1-2-2-2

小技巧：绘制圆还有一种方法，输入快捷键"C"也可以直接完成哟。快来试试吧！

（3）命令操作

命令：CIRCLE↙
指定圆的圆心或[三点(3P)/两点(2P)/相切、相切、半径(T)]：
指定圆的半径或[直径(D)]：

这里应注意,3P 为指定圆周上的三点画圆;2P 为指定直径的两个端点画圆;T 为指定与圆相切的两个对象和半径画圆。

💡 小提示:通过下拉菜单选择"绘图""圆",即可显示如图 1-2-2-3 所示的子菜单,上面列出了 6 种画圆的方法。

(4)视频演示

用手机扫描封面二维码,查看资源 1-2-2-1,动态演示更直观。

二、绘制圆弧命令

通过 ARC 命令创建圆弧。ARC 命令的激活方式如下:

(1)手动激活

操作步骤如图 1-2-2-4 所示。

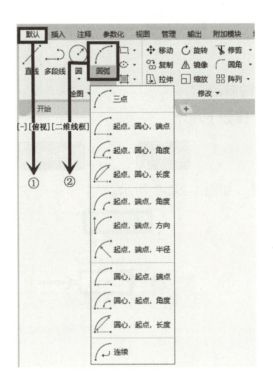

图 1-2-2-3　　　　　　图 1-2-2-4

(2)快捷键激活

①操作步骤如下所示。

②命令输入如图 1-2-2-5 所示。

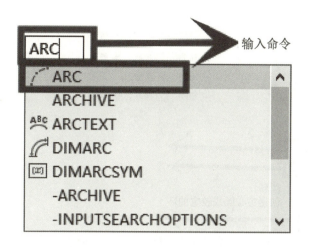

图 1-2-2-5

✏️ 小技巧:绘制圆弧还有一种方法,即输入快捷键"A"也可以直接完成哟。快来试试吧!

(3)命令操作

> 命令:ARC↙
> 指定圆弧的起点或[圆心(C)]:

这里应注意,AutoCAD 提供了 11 种画圆弧的方法,默认方式下是起点、第二点和端点绘制圆弧;若通过下拉菜单选择"绘图""圆弧"等子菜单,如图 1-2-2-4 列出了 11 种创建圆弧的方法;特别提示的是,"连续"选项是指通过上一个对象的终点并与之相切创建圆弧。

(4)视频演示

用手机扫描封面二维码,查看资源 1-2-2-2,动态演示更直观。

三、绘制圆环命令

通过 DONUT 命令创建圆环。DONUT 命令的激活方式如下:

(1)手动激活

操作步骤如图 1-2-2-6 所示。

(2)快捷键激活

①操作步骤如下所示。

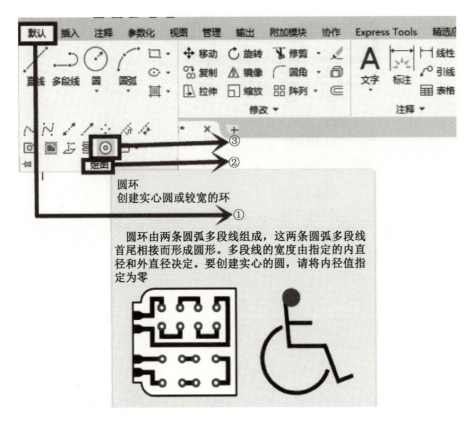

图 1-2-2-6

②命令输入如图 1-2-2-7 所示。

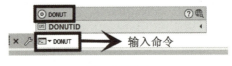

图 1-2-2-7

✏️ 小技巧:绘制圆环还有一种方法,输入快捷键"DO"也可以直接完成哟。快来试试吧!

(3)命令操作

命令:DONUT↵
指定圆环的内径<当前值>:
指定圆环的外径<当前值>:
指定圆环的中心点或<退出>:

这里应注意,当前值是上一次执行该命令时输入的数值,若直接按 Enter 键表示使用该数值。若要绘制填充的圆,可以指定内径为 0,工程图中常用其绘制钢筋断面图,如图 1-2-2-8 所示。

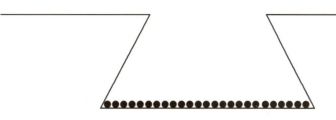

图 1-2-2-8

（4）视频演示

用手机扫描封面二维码，查看资源 1-2-2-3，动态演示更直观。

任务验收

 对本节任务的学习情况评价一下吧！

任务评价指标				
序号	内容	自评	互评	老师评价
1	圆的绘制			
2	圆弧的绘制			
3	圆环的绘制			

评价等级：优秀、良好、合格、不合格。
（优秀：90 分以上；良好：75 到 90 分；合格：60 到 74 分；不合格：60 分以下）

问题与改进：

知识巩固与提升

一、知识巩固

（1）请绘制半径为 100mm 的圆。

（2）请绘制直径分别为 200mm、500mm 的同心圆。

二、能力提升

请利用相切方式绘制如图 1-2-2-9 所示图形。

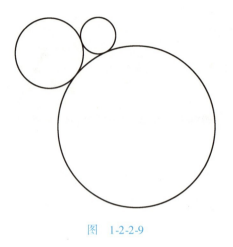

图 1-2-2-9

三、学以致用

(1)图1-2-2-10所示为重力式桥墩平面投影图,请同学们根据尺寸要求进行绘制。

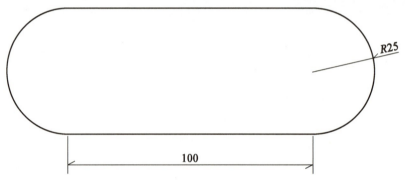

图 1-2-2-10(尺寸单位:cm)

(2)根据所学知识,请同学们绘制如图1-2-2-11所示图形,尝试利用多种方法绘制 $R2.5$、$R6$ 圆角。

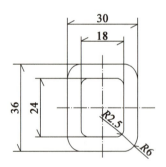

图 1-2-2-11(尺寸单位:cm)

课 后 反 思

任务三 平面正多边形的绘制

素质目标:培养学生精益求精的工匠精神。
知识目标:掌握内接于圆和外切于圆的正多边形的绘制。
能力目标:能通过绘制多边形,掌握多边形的特性,以及特殊图形画法。

人的大脑和肢体一样,多用则灵,不用则废。在掌握了所读东西的记忆特征后,就唯有勤奋二字了。
——工程教育家茅以升

问题引导

1. 什么叫作平面正多边形?什么叫作正多边形的中心?什么叫作正多边形的半径?什么叫作边心距?

正多边形是指各边相等、各角也相等的多边形(多边形:边数大于或等于3)。任何正多边形都有一个外接圆和一个内切圆。正多边形的外接圆(或内切圆)的圆心叫作正多边形的中心。正多边形以其外接圆的半径为半径。边心距是指正多边形的每条边到其外接圆的圆心的距离。

2. 利用 AutoCAD 绘图软件可以绘制任意的正多边形吗?

AutoCAD 软件可以绘制 3~1024 条边的正多边形。

3. 在认识平面正多边形的基础上,如何开展任务呢?

(1)手动激活正多边形命令;
(2)用快捷键激活正多边形命令;
(3)掌握内接于圆与外切于圆多边形的异同点。

任务实施

绘制正多边形命令

正多边形命令的激活方式如下:

（1）手动激活

操作步骤如图 1-2-3-1 所示。

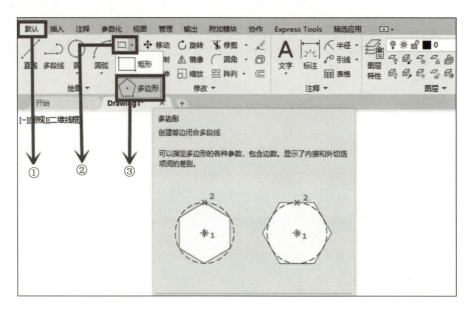

图　1-2-3-1

（2）快捷键激活

①操作步骤如下所示。

②命令输入如图 1-2-3-2 所示。

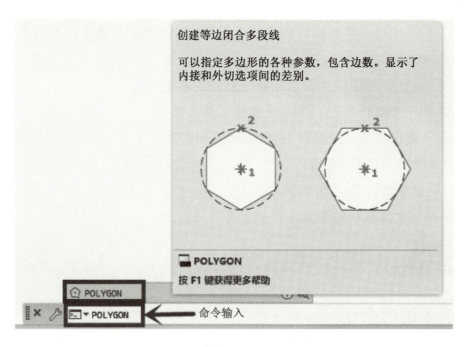

图　1-2-3-2

小技巧:绘制正多边形还有一种方法,输入快捷键"POL"也可以直接完成哟。快来试试吧!

(3)命令操作

> 命令:POLYGON↙
> 输入侧面数:
> 指定正多边形的中心点或边(E):
> ①中心点:内接于圆(I)/外切于圆(C):
> 指定圆的半径(指内接圆或外切圆半径):
> ②边(E)并按<Enter>:
> 指定边的第一个端点:
> 第二个端点:

系统将以指定边为第一条边绘制正多边形(按逆时针方向绘制)。

(4)视频演示

用手机扫描封面二维码,查看资源1-2-3-1,动态演示更直观。

任务验收

对本节任务的学习情况评价一下吧!

任务评价指标				
序号	内容	自评	互评	老师评价
1	内接于圆绘制正多边形			
2	外切于圆绘制正多边形			

评价等级:优秀、良好、合格、不合格。
(优秀:90分以上;良好:75到90分;合格:60到74分;不合格:60分以下)

问题与改进:

知识巩固与提升

（1）请绘制一个内接于半径为 50mm 圆的正六边形。

（2）请绘制一个外切于半径为 50mm 圆的正六边形。

一、能力提升

如图 1-2-3-3 所示，根据尺寸要求完成正六边形的绘制。

二、学以致用

图 1-2-3-4 所示为深圳比亚迪全球总部——六角大楼垂直投影图，假设最大六边形的内切圆半径为 200m，最小六边形内切圆半径为 80m，楼道间距 10m，楼宽均匀，请同学们利用 AutoCAD 绘制其平面投影图。

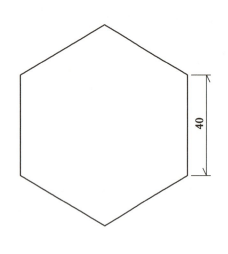

图 1-2-3-3（尺寸单位：mm）　　　　　　图 1-2-3-4

课 后 反 思

任务四 图案填充

素质目标:培养学生手脑并用能力,培养认真细致的职业素养。
知识目标:掌握图案填充的基本方法。
能力目标:能对不同材料、不同需求进行选择性的填充。

各出所学,各尽其知,使国家不受外辱,足以自立于地球之上。

——铁路工程专家詹天佑

问题引导

1. 利用 AutoCAD 进行工程图设计时,怎么区分不同工程材料呢?

公路施工设计图中,通常利用某种形式的图案填充某个区域,以表示不同工程材料。

2. AutoCAD 具有强大的图案填充功能,在进行图案填充时需要注意什么呢?

图案填充必须在一个封闭的区域内进行,填充区域的边界称为填充边界,填充边界可以由多种不规则直线、圆弧连接而成,如图 1-2-4-1 所示。以封闭区域中的点为指定对象,正确选择填充对象及填充图案。

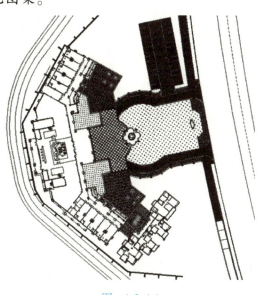

图 1-2-4-1

任务实施

图案填充

某些区域剖切面的材料可以用图案填充来表示,AutoCAD 提供了强大的图案填充功能,以满足不同施工设计图的需求。

图案填充的激活方式如下:

(1)手动激活

操作步骤如图 1-2-4-2 所示。

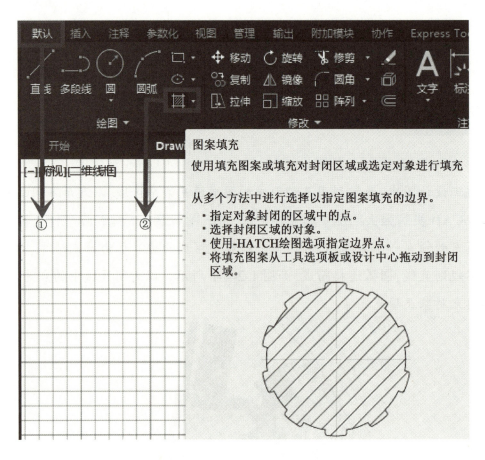

图 1-2-4-2

(2)快捷键激活

①操作步骤如下所示。

②键入命令如图 1-2-4-3 所示。

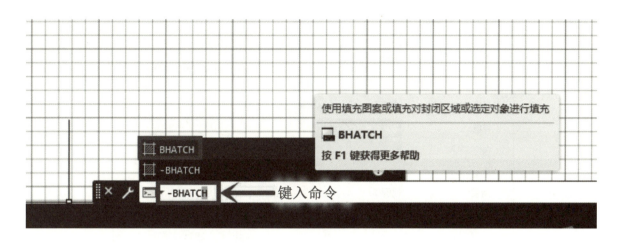

图 1-2-4-3

✏️ 小技巧:图案填充还有一种方法,输入快捷键"BH"也可以直接完成哟。快来试试吧!

(3)命令操作

命令激活后系统会弹出如图 1-2-4-4 所示"图案填充创建"对话框,里面有边界、图案、特性、原点、选项,以及关闭图案填充创建按钮。在图案填充时可根据命令行上方的提示进行操作。

图 1-2-4-4

在命令行点击 [拾取内部点(K) 放弃(U) 设置(T)]: 中的"设置(T)",显示如图 1-2-4-5 所示的"图案填充与渐变色"对话框,用户可根据填充类型、角度、比例等进行调整。

当点击"图案"选项中的 AHGLE 时,会呈现如图 1-2-4-6 所示的"图案填充选项板",从中可查看预览图案,以便用户做出选择。

(4)视频演示

用手机扫描封面二维码,查看资源 1-2-4-1,动态演示更直观。

图 1-2-4-5

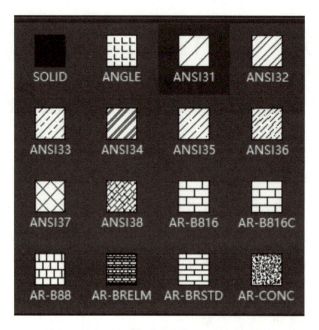

图 1-2-4-6

任务验收

 对本节任务的学习情况评价一下吧！

任务评价指标			
内容	自评	互评	老师评价
预定义图案填充			

评价等级：优秀、良好、合格、不合格。
（优秀：90分以上；良好：75到90分；合格：60到74分；不合格：60分以下）

问题与改进：

知识巩固与提升

一、知识巩固

绘制如图1-2-4-7所示图形，并进行相应的图案填充。

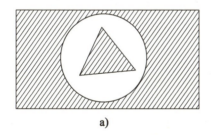
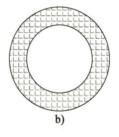

a)　　　　　　　　　b)

图 1-2-4-7

二、能力提升

根据要求完成如图1-2-4-8所示的图案填充，并写出填充步骤。

三、学以致用

如图1-2-4-9所示，将进行箱涵材料的图案填充，图中分为三个部分：A为沙砾垫层，B为混凝土基础，C为钢筋混凝土箱涵。要求：A用GRAVEL填充，B用ANSI31、45°填充，C用ANSI31、135°填充。

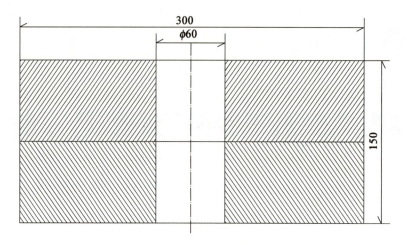

图 1-2-4-8(尺寸单位:mm)

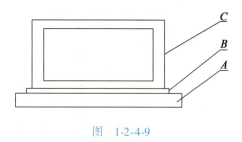

图 1-2-4-9

任务五　图形捕捉

素质目标:培养学生手脑并用能力和认真细致的职业素养。
知识目标:掌握对象捕捉的设置及工具栏捕捉按钮的选择。
能力目标:能利用对象捕捉功能快速选择特殊点,提高绘图效率。

改革开放已走过千山万水,但仍需跋山涉水。　　　　　　　　——习近平

问题引导

1. AutoCAD 绘图怎么能精确定位到每一个点呢?

通常是通过键盘输入点的坐标,从而定位到点的位置。

2. 在 AutoCAD 绘图过程中,我们发现有些点的坐标是无法找到的,那么我们通过什么方法进行定点并提高绘图效率呢?

通过移动光标定点,尽管可以通过状态栏上的坐标数值了解当前光标的位置,但想精确定位这些点是比较困难的。为此 AutoCAD 提供了对象捕捉功能,可以帮助我们迅速、准确地捕捉到某些需要的点,提高绘图效率。

任务实施

AutoCAD 提供了强大的对象捕捉功能,可迅速为用户选择某些特殊点。

1. 对象捕捉命令激活方式

(1) 手动激活

① 操作步骤如下所示。

② 工具栏按钮如图 1-2-5-1 所示。

图 1-2-5-1

（2）快捷键激活

可以通过键盘输入缩写快捷方式捕捉到相应的特殊点，见表1-2-5-1。

快捷键激活　　　　　　　　　　　　　　　　表1-2-5-1

菜单项	工具栏按钮	缩写快捷方式	功能
临时追踪点	临时追踪点(K)	TT	确定临时追踪点
自	自(F)	FROM	临时指定一点为基点，用其来确定另外一点
两点之间的中点	无	M2P	定位两点的中点
点过滤器	-x -X -y -Y -z -Z -xy -XY -xz -XZ -yz -YZ	.X 或.Y 或.Z 或.XY 或.XZ 或.YZ	确定与指定点某坐标分量相同的点
端点	端点	END	捕捉线段、圆弧、椭圆弧、多线样条线等对象的端点
中点	中点	MID	捕捉线段、圆弧、椭圆弧、多线样条线等对象的中点
交点	交点	INT	捕捉线段、圆弧、椭圆弧、多线样条线、射线、构造线等对象之间的交叉点
外观交点	外观交点	APP	如果延伸线段、圆弧等对象之后它们之间能够相互交叉，则捕捉对应的交叉点
延长线	----延长线	EXT	通过将已有线或弧的端点假想延伸一定距离来确定另一点
圆心	圆心	CEN	捕捉圆、圆弧、椭圆、椭圆弧的圆心
象限点	象限点	QUA	捕捉圆、圆弧、椭圆、椭圆弧上的象限点
切点	切点	TAN	捕捉切点
垂足	垂足	PER	捕捉垂足
平行线	平行线	PAR	确定与指定对象平行的线上的一点
节点	节点	NOD	捕捉用POINT、DIVIDE、MEASURE等命令生成的点对象以及尺寸定义点、尺寸文字定义点

续上表

菜单项	工具栏按钮	缩写快捷方式	功能
插入点	插入点	INS	捕捉块、文字等的插入点
最近点	最近点	NEA	捕捉距离拾取点最近的线段、圆、圆弧等对象上的点
无	无(N)	NON	取消捕捉模式

2. "草图设置"自动对象捕捉

在"状态栏"窗口找到"捕捉模式",点击"捕捉设置",便呈现图 1-2-5-2 所示的"草图设置"对话框,找到"对象捕捉"即可以预先设置好需要的多个对象捕捉点,在绘图过程中只需要按 F3 键,即可打开或关闭自动捕捉模式。

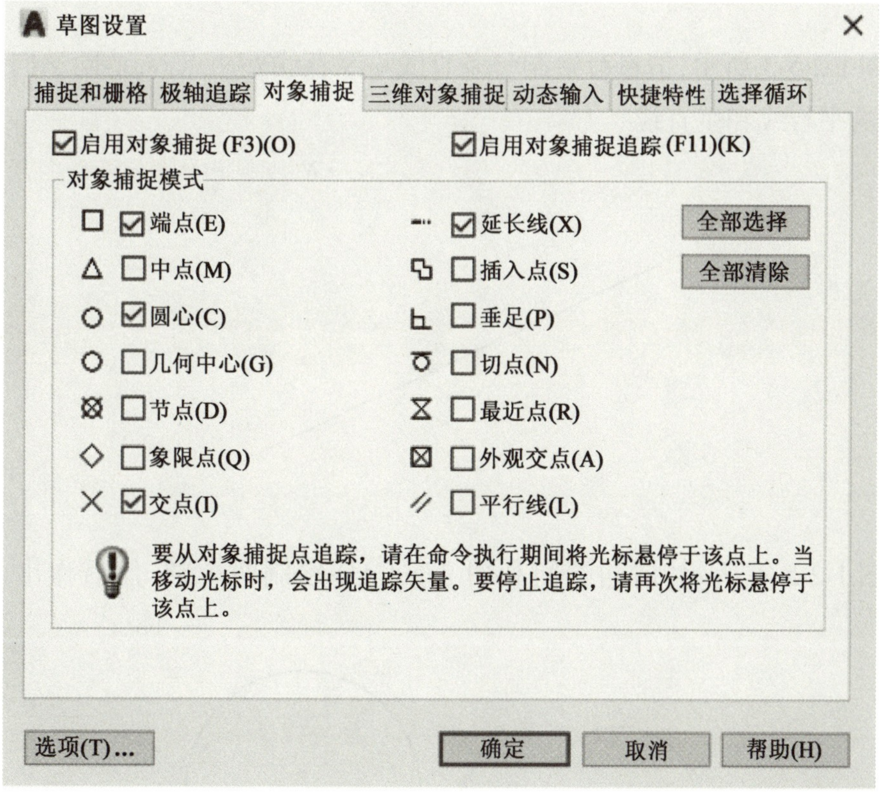

图 1-2-5-2

这里应注意,对象捕捉作为一种点的输入方法,不能单独执行,只有在执行某一绘图命令需要输入点时才能调用。

任务验收

 对本节任务的学习情况评价一下吧!

任务评价指标			
内容	自评	互评	老师评价
对象捕捉			
评价等级:优秀、良好、合格、不合格。 (优秀:90 分以上;良好:75 到 90 分;合格:60 到 74 分;不合格:60 分以下)			
问题与改进:			

知识巩固与提升

一、知识巩固

(1)如图 1-2-5-3 所示,请自行绘制一条直线 a 及直线外一点 N,请同学们过点 N 分别作出直线 a 的平行线和垂直线。

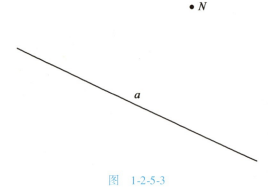

图 1-2-5-3

(2)如图 1-2-5-4 所示,请同学们利用 AutoCAD 绘制两个圆,然后作出两个圆的公切线。

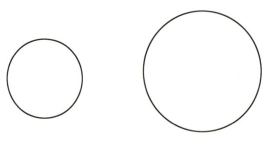

图 1-2-5-4

二、能力提升

请同学们自拟尺寸,作出线段 AB 的垂直平分线,交圆于点 M、N,过线段 MN 的中点作 AB 的平行线,如图 1-2-5-5 所示。

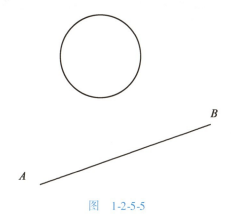

图 1-2-5-5

三、学以致用

将直线 AB 平均分为三段,其三分点分别为 C 和 D,以 C、D 为圆心作两个外切圆,以 A、B 为圆心作圆 C 和圆 D 的外切圆,效果如图 1-2-5-6 所示。

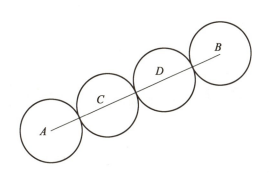

图 1-2-5-6

课 后 反 思

项目任务测评

素养测评

序号	培养目标	素养点	完成情况
1	规范意识	计算机的规范操作	
		绘图过程的步骤规范	
2	团结协作	乐于帮助有问题的同学	
		小组分工协作共同完成小组任务	
3	学习态度	课前预习完成情况	
		课中学习完成情况	
		课后绘图完成情况	
4	创新意识	通过某些长度或半径尺寸的改变得到不同的图形	
		将生活中的实物应用到绘图当中	
5	精益求精	反复确认绘图尺寸、找准基准	
		准确掌握绘图步骤	
6	劳动精神	禁止带食物进入机房	
		保持机房环境卫生干净整洁	
7	安全意识	遵守机房管理规章制度	
		离开机房时记得关闭电源	

目标完成情况:已完成的目标栏请打√。

知识测评

要求:

(1)确定本任务二维绘图命令,掌握二维绘图方法;

(2)根据自身学习情况,对所学知识进行查漏补缺;

(3)学习结束后对自身能力进行自评,及时了解自身学习情况。

任务一:点、直线、曲线图形的绘制

序号	绘图命令	命令行	快捷命令	等级自评
1	绘制点			
2	绘制直线			
3	绘制多段线			
4	绘制样条曲线			

评价等级:优秀、良好、合格、不合格。

(优秀:90分以上;良好:75到90分;合格:60到74分;不合格:60分以下)

续上表

任务二:圆曲线及圆类图形的绘制					
序号	绘图命令	命令行	快捷命令	等级自评
1	绘制圆			
2	绘制圆弧			
3	绘制圆环			

评价等级:优秀、良好、合格、不合格。

(优秀:90分以上;良好:75到90分;合格:60到74分;不合格:60分以下)

说明:

(1)绘图命令:训练二维绘图的信息能力;

(2)命令行:训练对信息重要性区分能力和掌握能力;

(3)快捷命令:掌握二维绘图的技巧和快速作图的能力;

(4)等级自评:训练对重要程度划分权重的能力。

技 能 测 评

任务一:点、直线、曲线图形的绘制			
序号	技能点	案例操作	操作评价
1	点的绘制	绘制点大小为5.00%的点	
2	直线的绘制	绘制长80mm的直线	
3	多线段的绘制	绘制长80mm的直线及半径为20mm的曲线	
4	样条曲线的绘制	使用拟合点(0,0)(10,10)(20,0)(30,-10)(40,0)绘制样式曲线	
5	应用	绘制如图所示图形	

操作评价等级:优秀、良好、合格、不合格。

续上表

任务二：圆曲线及圆类图形的绘制			
序号	技能点	案例操作	操作评价
1	圆的绘制	 圆 绘制半径为50mm的圆	
2	圆弧的绘制	 圆弧 绘制半径为60mm，圆心角为60°的圆弧	
3	圆环的绘制	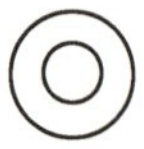 绘制外径为70mm内径为5mm的圆环	
4	应用	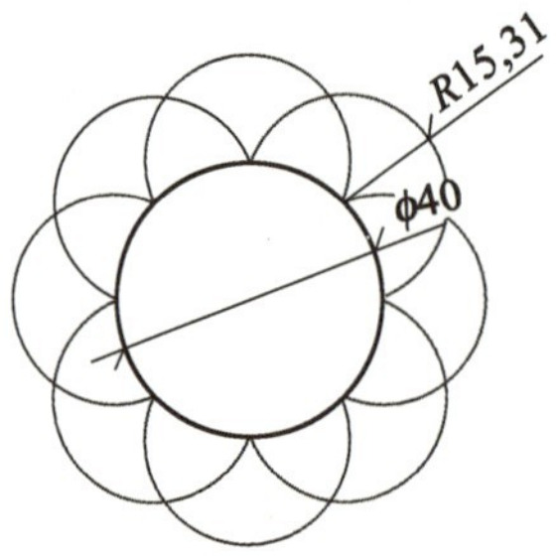 绘制如图所示图形（R15.31，φ40）	

操作评价等级：优秀、良好、合格、不合格。

任务三：平面正多边形的绘制			
序号	技能点	案例操作	操作评价
1	绘制正六边形 （内接于圆）	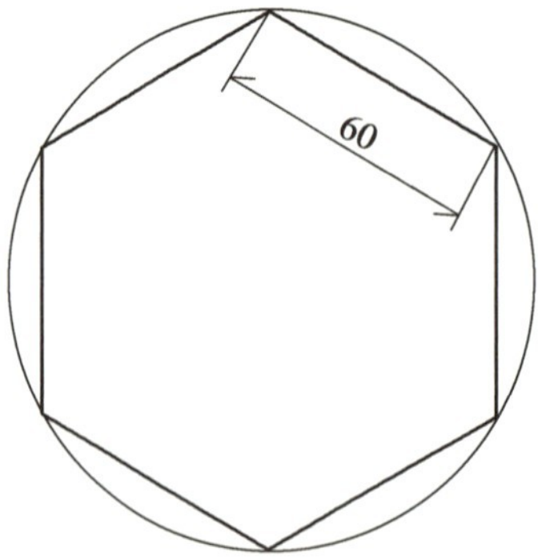 绘制正六边形（60）	

续上表

序号	技能点	案例操作	操作评价
2	绘制正六边形（外切于圆）	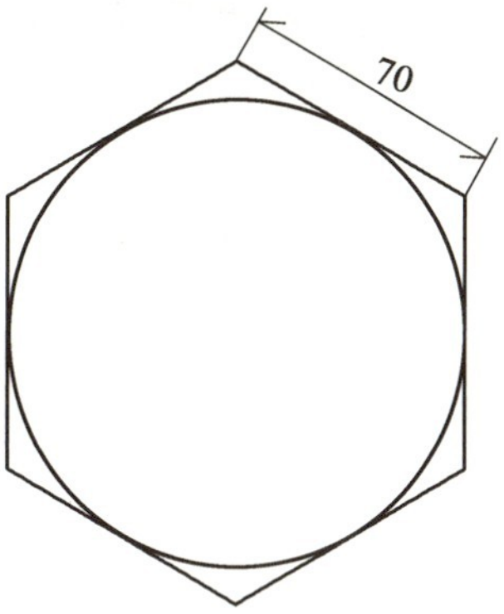 绘制正六边形	
3	应用	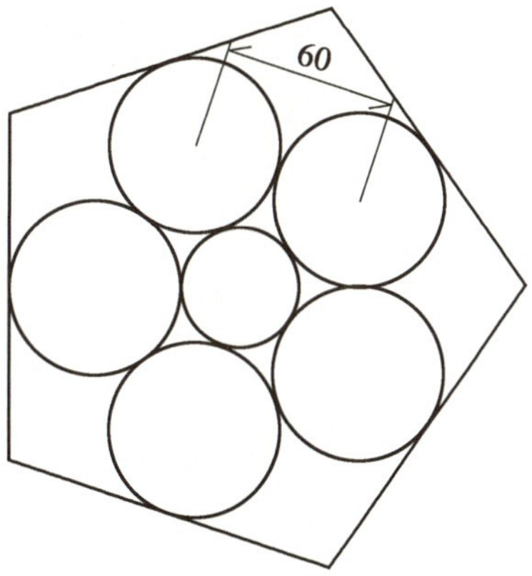 绘制如图所示图形	

操作评价等级：优秀、良好、合格、不合格。

任务四：图案填充

序号	技能点	案例操作	操作评价
1	填充 ANST31 号图案	 绘制如图所示图形并进行填充	

续上表

序号	技能点	案例操作	操作评价
2	填充 ANGLE 号图案	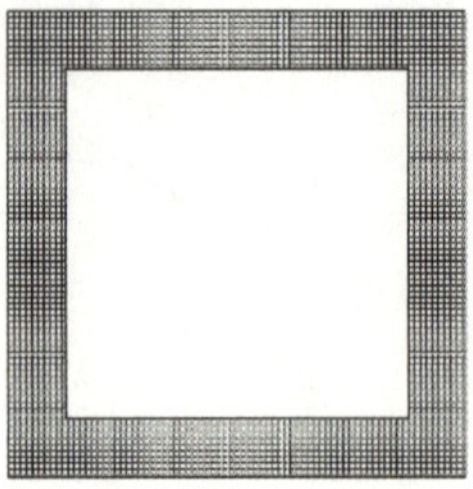 绘制如图所示图形并进行填充	
3	应用	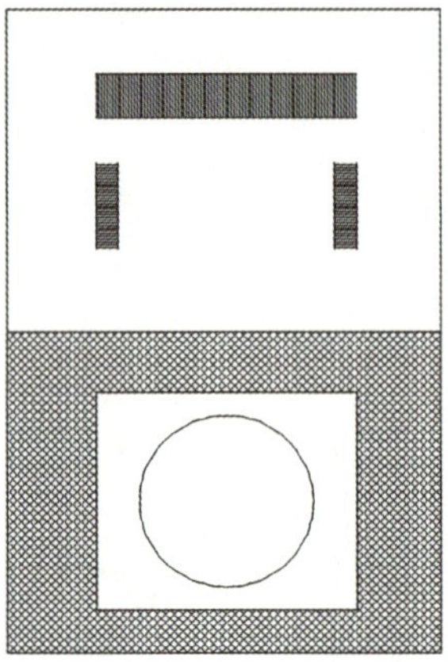	

操作评价等级：优秀、良好、合格、不合格。

任务五：图形捕捉			
序号	技能点	案例操作	操作评价
1	过一点绘制一条线的垂线和平行线	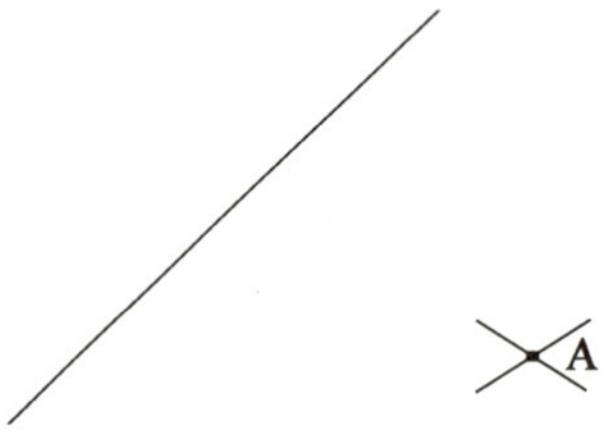 已知点 A	
2	绘制两个圆的公切线	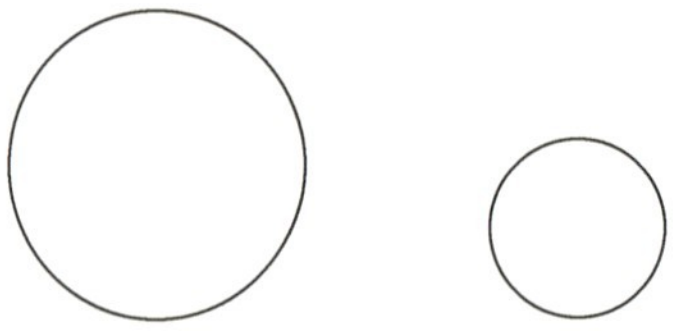 绘公切线	

操作评价等级：优秀、良好、合格、不合格。

拓 展 测 评

要求：

(1)在老师的指导下,能够理解图4的组成结构,并能够用所学的二维绘图命令绘制出图5。

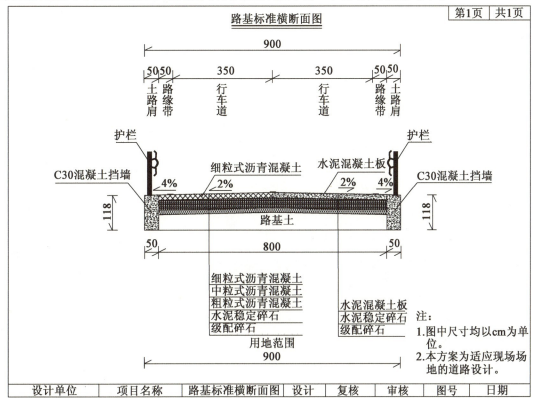

图 4

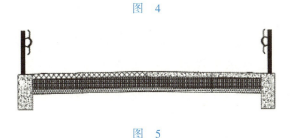

图 5

(2)结合本项目所学的知识和网上资料收集,归纳出该图涉及本项目的知识内容,并填写在下方,你是否已经掌握这些知识?

项目三　基本编辑命令

任务一　选择实体对象

> **素质目标**:培养学生仔细严谨、认真负责的职业素养。
> **知识目标**:掌握选择对象、更改选择对象和快速选择对象的方法。
> **能力目标**:能选择、编辑一些简单二维图形的实体对象。

问题引导

1. 在绘图过程中,有时需对已有图形进行修改,那第一步应该做什么呢?

首先,我们应选定对象,其次,我们将通过选择实体对象练习,掌握选择实体对象的各种方式。

2. 那我们对已有的图样进行修改,会不会比重新画更麻烦呢?

(1)通过选择集的运用,熟练掌握增减对象,可以帮助我们快速修改图样;

(2)通过快速选择命令,完成特定对象集的选择后,我们可以更方便地选中需要修改的特定对象。

3. 在本任务中,我们需掌握哪些选择对象技能呢?

(1)掌握分别选择对象和选择多个对象的方法;

(2)掌握快速选择对象的步骤;

(3)掌握增添或删减选择对象集中的对象。

任务实施

一、选择对象

在"选择对象"提示下,可以分别选择一个或多个对象。

1. 拾取框点选

如果方形拾取框光标位于选择对象的位置，该对象将亮显。单击以选择对象。如图1-3-1-1所示，选择圆对象。

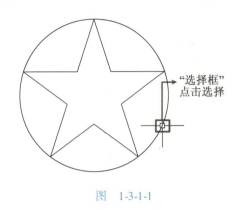

图 1-3-1-1

2. 框选

（1）窗口选择

从左向右拖动光标，选择矩形（由两点确定）中的所有对象。从左到右指定角点创建窗口选择。如图 1-3-1-2 所示，窗口选择图中"五角星"。

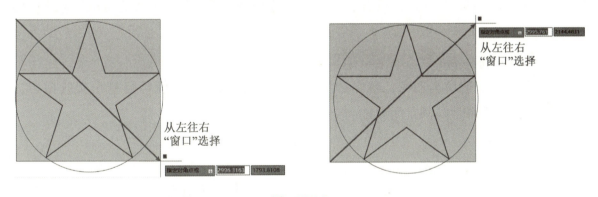

图 1-3-1-2

（2）窗交选择

从右向左拖动光标，选择区域（由两点确定）内部或与之相交的所有对象。窗交显示的方框为虚线或高亮度方框，这与窗口选择框不同。如图 1-3-1-3 所示，窗交选择图中"五角星"。

小技巧：窗口选择对象，不仅可以是矩形窗口，按住鼠标左键还可以套索任意形状的窗口，但只有对象全部被包含在"窗口"内才会被选中。

窗交选择对象，同样可以用矩形或套索形状，不但能选中全部包含在"窗口"内的对象，而且只要与该窗口"相交"的对象都会被选中。快来试试吧！

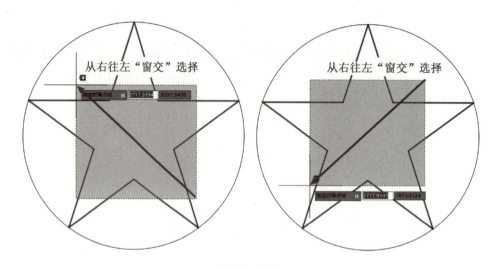

图 1-3-1-3

(3) 视频演示

用手机扫描封面二维码,查看资源 1-3-1-1,动态演示更直观。

3. 不规则形状的选择

指定用于定义不规则形状区域的点。使用窗口多边形选择,可选定被选择区域完全包围的对象。使用交叉多边形选择,可选定被选择区域包围的对象或与该区域相交的对象。

(1) 圈围选择

选择多边形中的所有对象。该多边形可以为任意形状,但不能与自身相交或相切,因此,该多边形在任何时候都是闭合的,如图 1-3-1-4 所示。

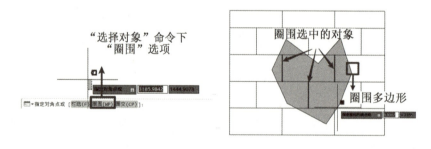

图 1-3-1-4

(2) 圈交选择

选择多边形(通过在待选对象周围指定点来定义)内部或与之相交的所有对象。该多边形可以为任意形状,但不能与自身相交或相切,如图 1-3-1-5 所示。

(3) 栏选

选择与选择栏相交的所有对象。栏选方法与圈交方法相似,只是栏选不闭合,并且栏选可以自交,如图 1-3-1-6 所示。

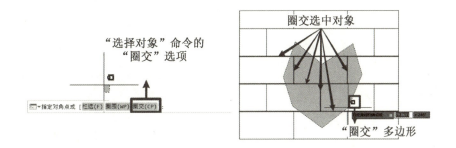

图 1-3-1-5

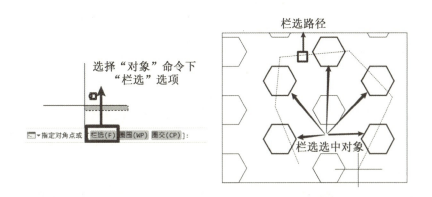

图 1-3-1-6

> 小提示:圈围和圈交都不可以与自身相交或相切,并且这两个命令是自闭合的多边形,而栏选可以不闭合实现自身相交。

(4)视频演示

用手机扫描封面二维码,查看资源 1-3-1-2,动态演示更直观。

二、更改选择集中的对象

1. 添加对象到选择集

在"选择对象"命令提示下,选择框右上角会出现一个"+"号,依次选择需要添加到选择集的对象即可将对象加入选择集,如图 1-3-1-7 所示。

2. 删除对象的选定状态

(1)按住 Shift 键

通过按住 Shift 键光标会出现一个"-"号,同时再次选择对象,或者按住 Shift 键,然后单击并拖动进行窗口选择或窗交选择,即可重复从选择集中删除对象,如图 1-3-1-8 所示。

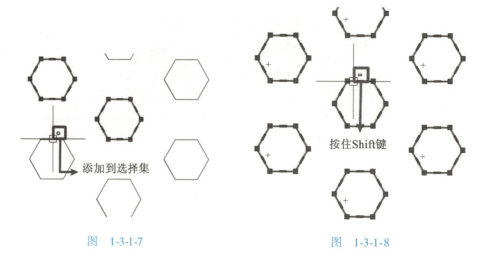

图 1-3-1-7　　　　　　　　　　　图 1-3-1-8

（2）命令选项 R

在编辑对象命令中的"选择对象"提示下输入 R（删除），并使用任意选择对象方法将对象从选择集中删除。下面以"移动"编辑命令"MOVE"下的"选择对象"为例。

操作方法如下：

具体操作如图 1-3-1-9 所示。

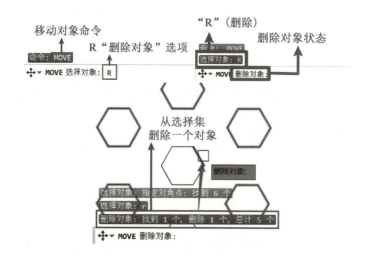

图 1-3-1-9

小技巧：如果使用"删除"选项，并希望恢复为将对象添加到选择集，请输入 A（添加），快来试试吧！

（3）视频演示

用手机扫描封面二维码，查看资源 1-3-1-3，动态演示更直观。

三、快速选择对象

1. 快速选择对象的激活方式

（1）手动激活

①操作方法一如图 1-3-1-10 所示。

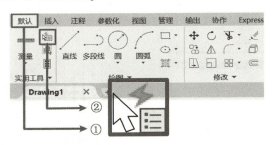

图 1-3-1-10

②操作方法二如图 1-3-1-11 所示。

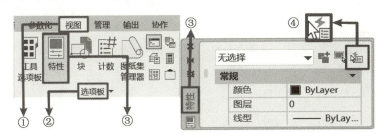

图 1-3-1-11

✏️ 小技巧：图 1-3-1-11 中的"特性"对话框除了上述操作方法二外，还可以用"Ctrl + 1"的组合键调出哦，快来试试吧！

（2）快捷键激活

①操作方法一如图 1-3-1-12 所示。

②操作方法二如下所示。

操作步骤如图 1-3-1-13 所示。

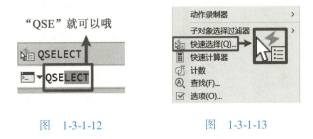

图 1-3-1-12　　　　图 1-3-1-13

(3)快速选择对话框

如图 1-3-1-14 所示,快速选择对话框可提供更多的选项和其他特性(例如图层、颜色或线宽),用于在使用时创建选择集。

如图 1-3-1-15 所示,基于特性选择对象的简单方法是使用"选择类似对象"命令,可在选择对象后从右键快捷菜单找到。

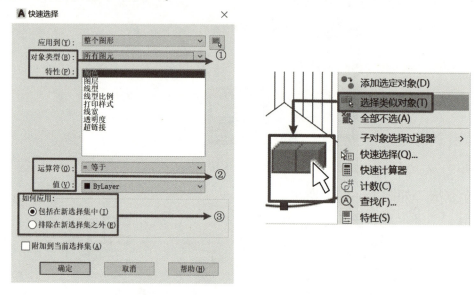

图 1-3-1-14　　　　　　　　图 1-3-1-15

(4)视频演示

用手机扫描封面二维码,查看资源 1-3-1-4,动态演示更直观。

2.选择重叠或靠近的对象

首先,应确保"选择循环"已启用,有手动激活和快捷键激活两种方式。

(1)手动激活

操作方法如图 1-3-1-16 所示。

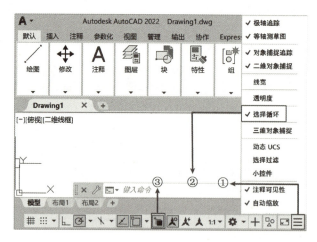

图 1-3-1-16

（2）快捷键激活

操作方法如图1-3-1-17所示。

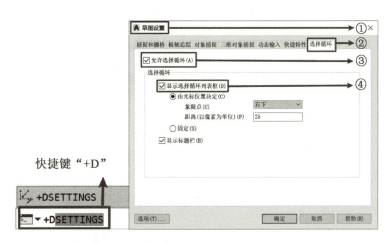

图 1-3-1-17

当看到"双矩形"图标时，单击鼠标左键选择对象，如图1-3-1-18所示。然后，可以在"选择集"列表中点选需要选择的对象。

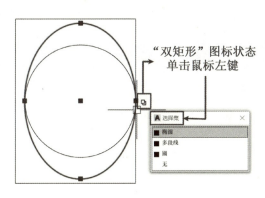

图 1-3-1-18

✏️ 小技巧：当看到"双矩形"图标时，也可以通过按住Shift键循环浏览对象，以及按空格键来循环浏览可供选择的对象。所需对象亮显后，单击以选择该对象。快来试试吧！

（3）视频演示

用手机扫描封面二维码，查看资源1-3-1-5，动态演示更直观。

3. 选择"上一个"编辑对象

（1）快捷键激活

如图1-3-1-19所示。

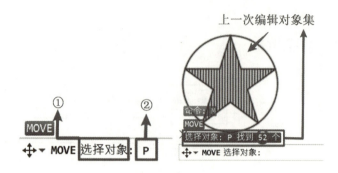

图 1-3-1-19

这里应注意"上一个"编辑对象只能记录上一步编辑过的对象,如果上一步为空则无效。快来试试吧!

(2)视频演示

用手机扫描封面二维码,查看资源1-3-1-6,动态演示更直观。

任务验收

 对本节任务的学习情况评价一下吧!

任务评价指标					
序号	修改命令	自评	互评	老师评价	
1	拾取对象				
2	框选对象				
3	删除对象的选定状态				
4	快速选择对象				
评价等级:优秀、良好、合格、不合格。 (优秀:90分以上;良好:75到90分;合格:60到74分;不合格:60分以下)					
问题与改进:					

知识巩固与提升

一、知识巩固

请利用所学的选择对象命令知识,快速绘制如图 1-3-1-20 所示的图样(尺寸标注可不画)。

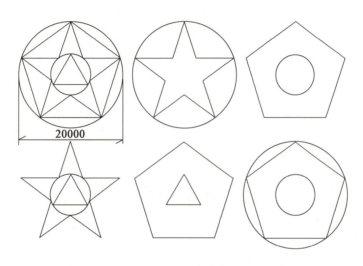

图 1-3-1-20(尺寸单位:mm)

二、能力提升

请先绘制如图 1-3-1-21 所示图样,并利用"快速选择"对话框,选择并分离所有竖直方向直线。

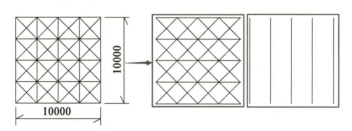

图 1-3-1-21(尺寸单位:mm)

三、学以致用

请同学们打开已经完成的项目二任务一的城市地铁交通规划图,如图 1-3-1-22 所示,分别选择图上两条道路,复制并保存为两个单独文件并重命名。

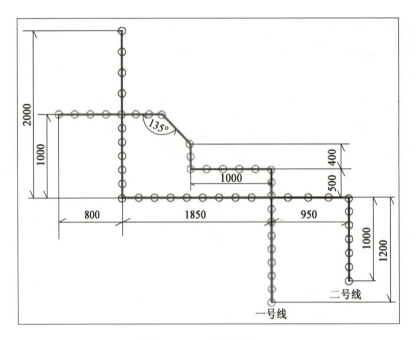

图 1-3-1-22(尺寸单位:m)

课 后 反 思

任务二　常用编辑命令

素质目标:培养学生计算机辅助设计思维和严谨负责的职业素养。

知识目标:掌握删除对象、修改对象和使用夹点编辑对象的方法。

能力目标:能用常用的删除、移动、旋转、复制、阵列、镜像、偏移、修剪、延伸、拉伸等命令修改对象。

问题引导

1. 图样画错了一定要擦掉重新画吗?

在 AutoCAD 中我们不需要擦掉重新画。

①在传统的手工绘图中,如果遇到已经完成的图样需要修改的情况,我们就要用橡皮擦掉重新画;

②在 AutoCAD 中,对已完成的图样可以通过丰富的修改命令完成需要的改动。

2. 对已有图样进行修改,我们需要学习哪些常用的编辑命令?

①掌握如何删除选择的、重复的或特定的对象;

②掌握各种辅助绘图的编辑方法,活用常用修改对象命令;

③了解新版的软件中丰富的对象夹点编辑功能,养成使用 AutoCAD 绘图的思维。

任务实施

一、删除对象

1. 删除选择的对象

(1) 手动删除

①操作方法一如图 1-3-2-1 所示。

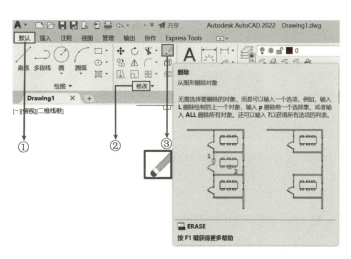

图 1-3-2-1

②操作方法二如下所示。

操作步骤如图 1-3-2-2 所示。

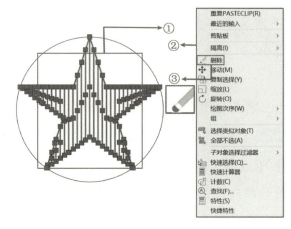

图 1-3-2-2

（2）快捷键删除

①操作方法一如图 1-3-2-3 所示。

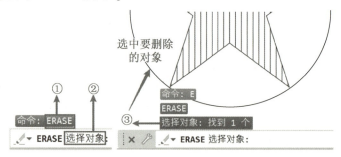

图 1-3-2-3

②操作方法二如下所示。

操作步骤如图 1-3-2-4 所示。

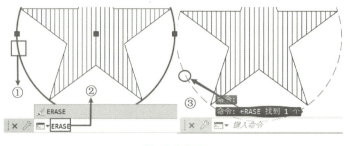

图 1-3-2-4

③操作方法三如图 1-3-2-5 所示。

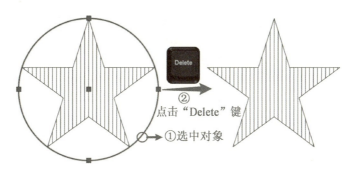

图　1-3-2-5

✏️ 小技巧:Delete 命令可以按命令提示删除对象,也可以在选择对象集的状态下使用并立即执行删除对象,许多修改命令都可以在选择对象集的状态下使用哟。快来试试吧!

(3)视频演示

用手机扫描封面二维码,查看资源 1-3-2-1,动态演示更直观。

2.删除重复的对象

在绘图的过程中,一些对象常常因为各种原因重叠在一起,这样既不利于图样的编辑,也不利于图样文件的交流,因此,需要对一些重复对象进行清理。我们通过OVERKILL命令删除重复或重叠的直线、圆弧和多段线。此外,该命令也能合并局部重叠或连续的直线、圆弧和多段线。

(1)手动删除

操作方法如图 1-3-2-6 所示。

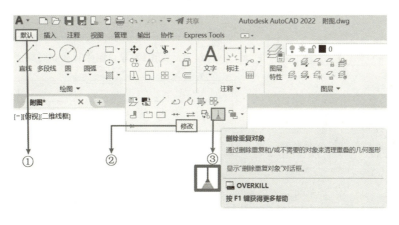

图　1-3-2-6

(2)快捷键激活

操作方法如图 1-3-2-7 所示。

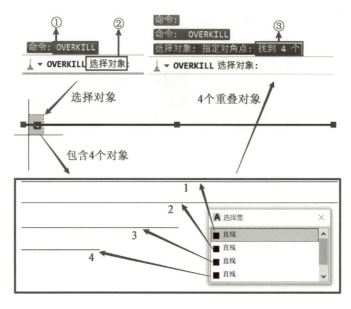

图 1-3-2-7

（3）"删除重复对象对话框"设置

上述方式激活命令后，通过设置"删除重复对象对话框"，可以指定公差值，选择在对象比较期间要忽略的特性，设置其他选项以优化多段线线段、合并对象或保持关联性等，如图 1-3-2-8 所示。

设置"删除重复对象对话框"并确定后，"重叠"和"重复"的对象被删除，如图 1-3-2-9 所示。

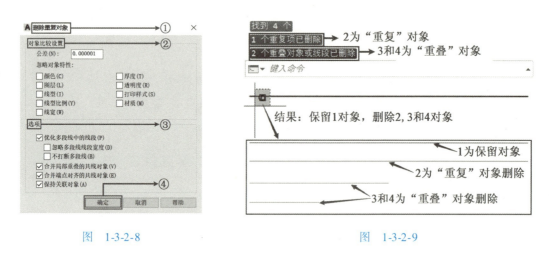

图 1-3-2-8　　　　　　　　图 1-3-2-9

（4）视频演示

用手机扫描封面二维码，查看资源 1-3-2-2，动态演示更直观。

3. 恢复删除的对象

当我们"误删"了对象时，可以通过以下两种方法恢复删除的对象。

(1)恢复删除的对象

OOPS 命令可恢复由上一个 ERASE 命令删除的对象,我们可以直接用快捷键激活 OOPS 命令并执行,如图 1-3-2-10 所示。

图 1-3-2-10

(2)撤销最近一次操作

①操作方法一如图 1-3-2-11 所示。

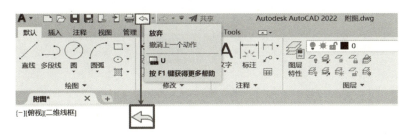

图 1-3-2-11

②操作方法二如图 1-3-2-12 所示。

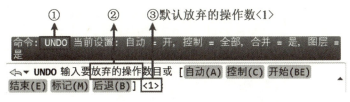

图 1-3-2-12

③操作方法三可用 Ctrl + Z 的快捷键组合,与快捷键"U"效果相同。

小技巧:"放弃"按钮右侧的下拉菜单还可以撤销之前的多个命令步骤;UNDO 命令也可以用快捷键"U"直接激活并执行"撤销上一步",快点来试试吧!

(3)视频演示

用手机扫描封面二维码,查看资源 1-3-2-3,动态演示更直观。

二、修改对象

1. 移动对象

(1) 手动激活

操作方法如图 1-3-2-13 所示。

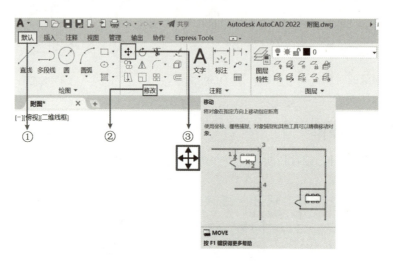

图　1-3-2-13

(2) 快捷键激活

操作方法如图 1-3-2-14 所示。

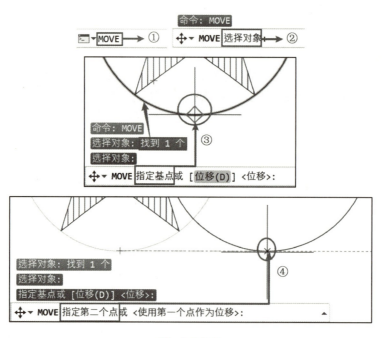

图　1-3-2-14

(3)视频演示

用手机扫描封面二维码,查看资源1-3-2-4,动态演示更直观。

2.旋转对象

(1)手动激活

操作方法如图1-3-2-15所示。

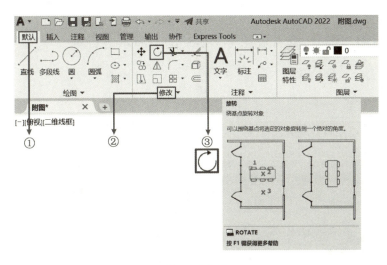

图 1-3-2-15

(2)快捷键激活

操作方法如图1-3-2-16所示。

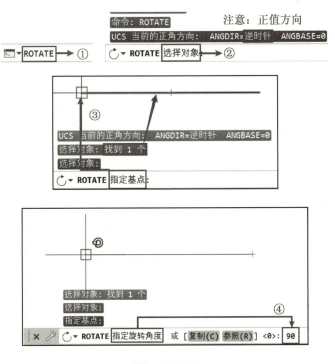

图 1-3-2-16

✏️ 小技巧:许多命令中会出现多个可选项,一般在命令行的方括号"[ ]"中显示,例如:"[复制(C)参照(R)]"。其中,每个选项后面小括号"( )"中的符号就是选项按键,例如,"复制(C)"中的"C"。我们可以通过这些选项完成更多复杂的编辑和修改操作。快来试试吧!

(3)视频演示

用手机扫描封面二维码,查看资源 1-3-2-5,动态演示更直观。

3. 复制对象

(1)手动激活

操作方法如图 1-3-2-17 所示。

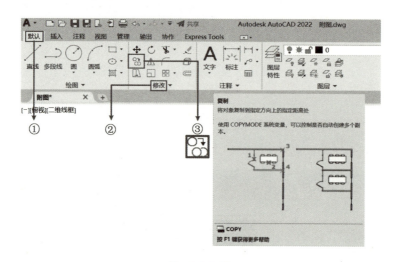

图 1-3-2-17

(2)快捷键激活

①操作方法一如图 1-3-2-18 所示。

②操作方法二如图 1-3-2-19 所示。

③操作方法三如图 1-3-2-20 所示,其中会出现与 COPY 命令相同的"指定基点"选项,这样就可以根据基点进行精确复制,复制对象到指定位置。

当我们用"Ctrl + C"或"Ctrl + Shift + C"复制对象时,可使用"Ctrl + V"粘贴复制的对象。

✏️ 小技巧:我们不仅可以通过组合键来快速复制对象,还可以通过"剪贴板"面板来完成相同的操作。快来试试吧!

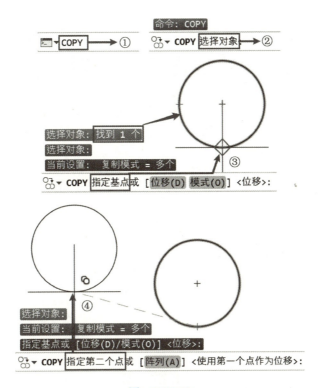

图 1-3-2-18

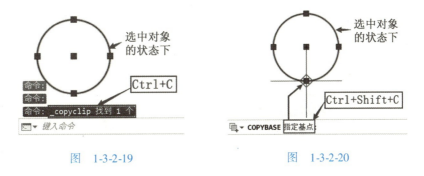

图 1-3-2-19　　　　　　　图 1-3-2-20

(3) 视频演示

用手机扫描封面二维码,查看资源 1-3-2-6,动态演示更直观。

4. 阵列对象

阵列命令可以创建在阵列模式中排列的选定对象的副本。

(1) 手动激活

如图 1-3-2-21 所示,阵列命令包含矩形阵列、路径阵列和环形阵列三种。

(2) 快捷键激活

根据命令提示按步骤激活命令,如图 1-3-2-22 所示。

(3) 阵列类型

①矩形阵列,如图 1-3-2-23 所示。

| 工程CAD基础

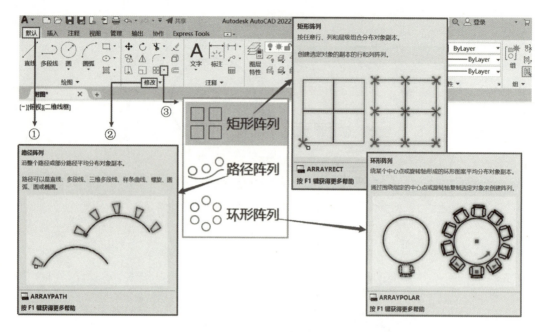

图 1-3-2-21

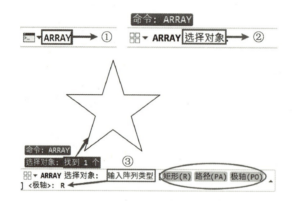

图 1-3-2-22

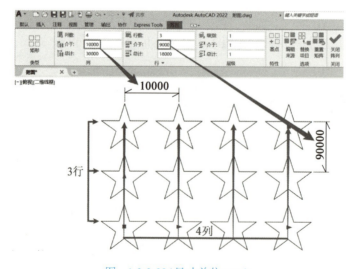

图 1-3-2-23(尺寸单位:mm)

②极轴阵列,如图1-3-2-24所示。

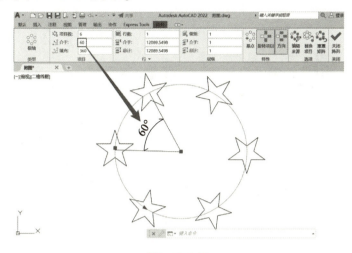

图 1-3-2-24

③路径阵列,如图1-3-2-25所示。

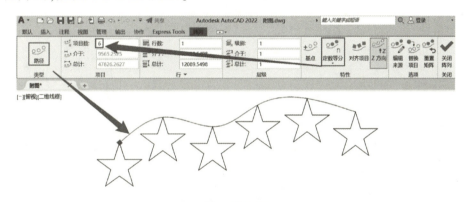

图 1-3-2-25

这里应注意:如果选择了路径阵列,需要直线、多段线、三维多段线、样条曲线、螺旋、圆弧、圆或椭圆等对象作为路径。

✏️ 小技巧:阵列中的每个元素称为"阵列项目",它可以包含多个对象。除了ARRAY阵列命令之外,我们还可以用"COPY"命令实现阵列,快来试试吧!

(4)视频演示

用手机扫描封面二维码,查看资源1-3-2-7,动态演示更直观。

5.镜像对象

镜像命令可以绕指定轴翻转对象,创建对称的图像。

(1)手动激活

操作方法如图1-3-2-26所示。

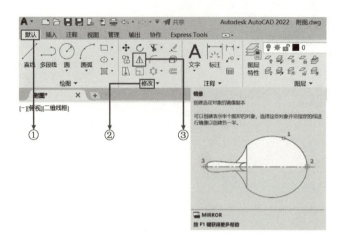

图 1-3-2-26

（2）快捷键激活

操作方法如图 1-3-2-27 所示。

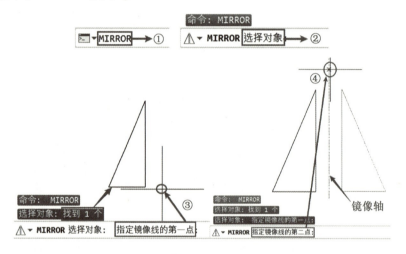

图 1-3-2-27

（3）镜像文字

默认情况下,镜像文字、图案填充、属性和属性定义时,它们在镜像图像中不会反转或倒置。文字的对齐和对正方式在镜像对象前后相同。

如果确实要反转文字,请将 MIRRTEXT 系统变量设置为 1,如图 1-3-2-28 所示。

图 1-3-2-28

小技巧：我们还可以利用镜像命令删除镜像的源对象。快来试试吧！

（4）视频演示

用手机扫描封面二维码,查看资源 1-3-2-8,动态演示更直观。

6. 偏移对象

偏移命令可按照指定的距离创建与选定对象平行或同心的几何对象。

（1）手动激活

操作方法如图 1-3-2-29 所示。

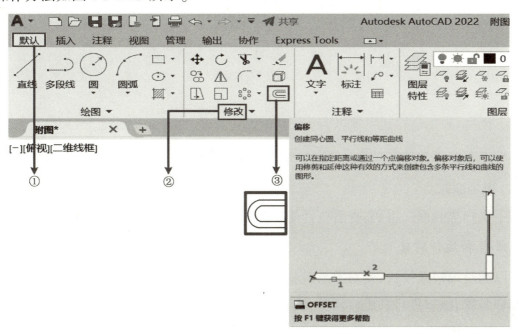

图　1-3-2-29

（2）快捷键激活

操作方法如图 1-3-2-30 所示。

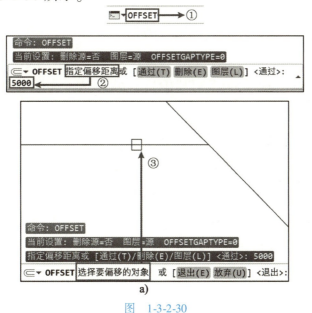

a)

图　1-3-2-30

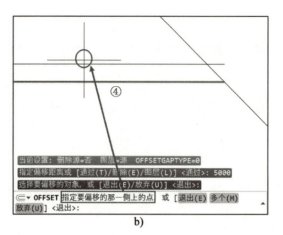

图 1-3-2-30(续)

✏️ 小技巧:如果偏移圆或圆弧,则会创建更大或更小的圆或圆弧,具体取决于指定为向哪一侧偏移。如果偏移多段线,将生成平行于原始对象的多段线。快来试试吧!

(3)视频演示

用手机扫描封面二维码,查看资源 1-3-2-9,动态演示更直观。

7. 修剪和延伸对象

可以通过缩短或拉长,使对象与其他对象的边相接。这意味着我们可以首先创建、复制或偏移对象,然后再对其进行调整,使其与其他对象形成关联。

(1)手动激活

操作方法如图 1-3-2-31 所示。

(2)快捷键激活

操作方法如图 1-3-2-32 所示。

延伸(EXTEND)命令激活方法与上述修剪(TRIM)命令一样。

(3)默认选项

激活修剪(TRIM)命令或延伸(EXTEND)命令后,只需选择端点附近的对象即可进行修剪或延伸,这里以修剪命令为例。

①两点栏选。单击定义穿过对象(靠近要修剪或延伸的端点)的线段的两点。在这种情况下,将修剪直线,如图 1-3-2-33 所示。

②单个选择。只需单击要修剪或延伸的端点附近的一个或多个对象即可。在这种情况下,将修剪选定直线,如图 1-3-2-34 所示。

③徒手选择。在空白区域单击并按住鼠标左键,然后在要修剪或延伸的端点附近的一个或多个对象上拖动光标。在这种情况下,将修剪与选择栏相交的所有对象,如图 1-3-2-35 所示。

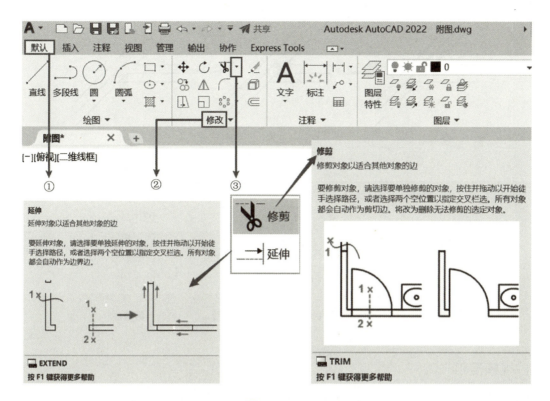

图 1-3-2-31

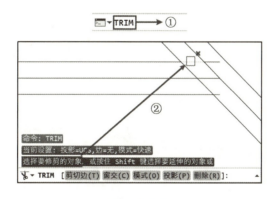

图 1-3-2-32

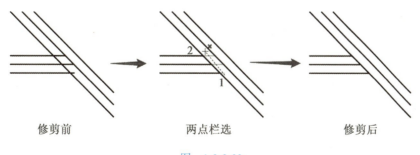

修剪前　　　　　　　两点栏选　　　　　　修剪后

图 1-3-2-33

✏️ 小技巧：圈围和圈交命令都不可以自身相交或相切，并且这两个命令是自闭合的多边形，但栏选可以不闭合也可以自身相交。快来试试吧！

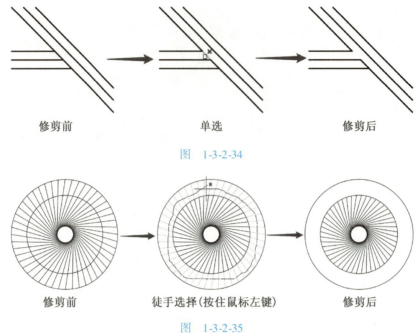

图 1-3-2-34

图 1-3-2-35

(4) 视频演示

用手机扫描封面二维码,查看资源1-3-2-10,动态演示更直观。

8. 拉伸对象

使用拉伸命令(STRETCH),拉伸与多边形或选择窗口交叉的对象。

(1) 手动激活

操作方法如图1-3-2-36所示。

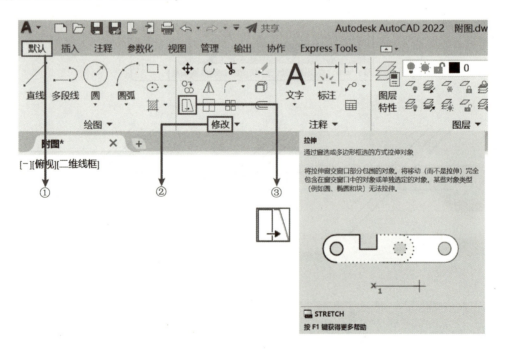

图 1-3-2-36

(2)快捷键激活

通过首先指定一个基点,然后指定位移点可以拉伸对象,如图 1-3-2-37 所示。

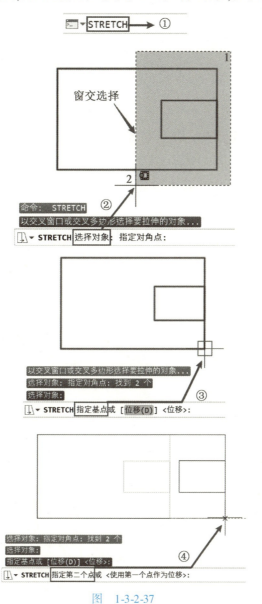

图 1-3-2-37

 小提示:拉伸命令是将部分包含在窗选内的对象进行拉伸。将完全包含在窗选内的对象或单独选定的对象进行移动(而不是拉伸),如图 1-3-2-38 所示。

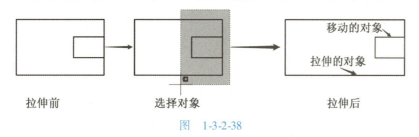

图 1-3-2-38

（3）视频演示

用手机扫描封面二维码,查看资源1-3-2-11,动态演示更直观。

三、使用夹点编辑对象

可以使用不同类型的夹点和夹点模式重新移动、复制或拉伸对象。

1.使用夹点移动对象

文字、块参照、直线中点、圆心和点对象上的夹点可以移动对象而不是拉伸它。如图1-3-2-39所示。

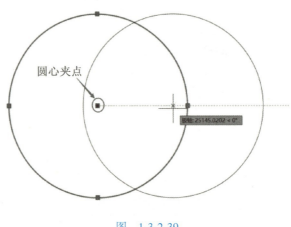

图 1-3-2-39

2.使用夹点复制对象

通过按住 Ctrl 键并使用夹点移动对象的效果就是复制对象,并且可复制多个对象,如图 1-3-2-40 所示。

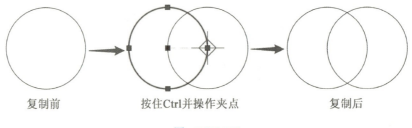

图 1-3-2-40

3.使用夹点拉伸对象

（1）顶点(端点)拉伸

直线、多段线、圆弧等对象的端点,矩形的顶点等作为夹点可拉伸对象,如图 1-3-2-41 所示。

（2）多功能夹点拉伸

选中对象显示多功能夹点时,可以使用其拉伸对象,点选的多功能夹点所在边不会变形,同时也可以沿着任意角度拉伸对象,如图 1-3-2-42 所示。

图 1-3-2-41(尺寸单位:mm)　　　　　　　　图 1-3-2-42(尺寸单位:mm)

 小技巧:当选择对象上的多个夹点来拉伸对象时,选定夹点间的对象的形状将保持原样。要选择多个夹点,请按住 Shift 键,然后选择适当的夹点。快来试试吧!

(3)视频演示

用手机扫描封面二维码,查看资源 1-3-2-12,动态演示更直观。

任务验收

对本节任务的学习情况评价一下吧!

任务评价指标			
修改命令	自评	互评	老师评价
删除选定对象			
删除重复对象			
恢复删除的对象			
移动对象			
旋转对象			
复制对象			
阵列对象			
镜像对象			
偏移对象			
修剪对象			
延伸对象			
拉伸对象			
使用夹点编辑对象			
评价等级:优秀、良好、合格、不合格。 (优秀:90 分以上;良好:75 到 90 分;合格:60 到 74 分;不合格:60 分以下)			
诊断与改进:			

知识巩固与提升

一、知识巩固

请利用所学的修改命令快速绘制如图 1-3-2-43 所示的一组图样,图中尺寸标注可不画。

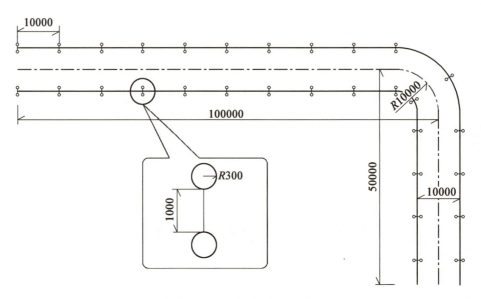

图 1-3-2-43(尺寸单位:mm)

二、能力提升

请绘制如图 1-3-2-44 所示图样,图中尺寸标注可不画。

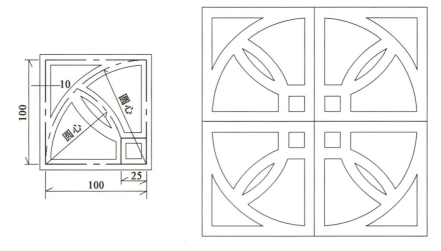

图 1-3-2-44(尺寸单位:mm)

三、学以致用

请同学们完成某城市小公园的道路平面图,如图 1-3-2-45 所示,道路沿轴对称,图中尺寸标注可不画。

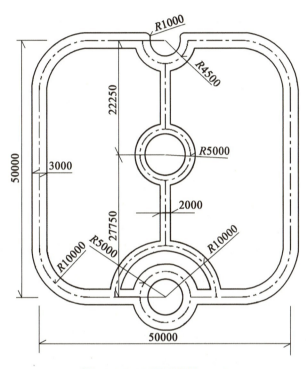

图 1-3-2-45(尺寸单位:mm)

课 后 反 思

任务三 编辑对象特性

素质目标:培养学生仔细严谨、认真负责的职业素养。
知识目标:了解对象特性工具,掌握如何使用图层、更改对象颜色、线型和线宽。
能力目标:能选择编辑一些简单二维图形的实体对象。

问题引导

1. 什么是对象特性呢?

对象特性,就是对象具有的信息,如直线,其对象特性有颜色、图层、线型、线宽、透明度等。在 AutoCAD 中,可以通过对象特性工具快速绘制和编辑对象。

2. 怎么运用对象特性工具?

(1)通过对象特性工具面板或选项板,掌握其调用方式;
(2)通过图层对话框,掌握图层的含义及创建、设置、使用的方法;
(3)通过对象特性的设置和运用,掌握快速绘制和编辑对象的技巧。

任务实施

一、对象特性工具

每个对象除具有常规特性外,还具有该类型所特有的特性。对象特性控制对象的外观和行为,并用于组织图形。

1."特性"面板

"特性"面板在"默认"选项卡下的功能区中,如图 1-3-3-1 所示。

图 1-3-3-1

(1) 对象颜色

在"特性"面板中可以设置当前对象及之后新建对象的颜色,如图 1-3-3-2 所示。

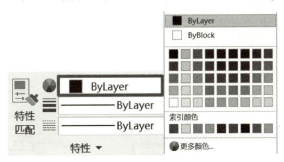

图 1-3-3-2

小技巧:其中"Bylayer"颜色选项是"随当前图层"的颜色,"ByBlock"是"随块"的颜色。同时也可以通过"更多颜色…"设置对象颜色。

(2) 线宽

线宽是指给定图形对象、图案填充、引线和标注几何图形的特性,可形成宽度不同的线,如图 1-3-3-3 所示。

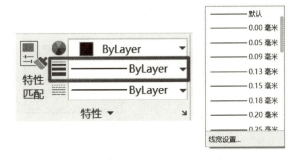

图 1-3-3-3

可以通过设置"显示线宽"将我们设置的对象线宽显示在界面上,打开线宽显示的常用方法有以下两种:

①操作方法一如图 1-3-3-4 所示。

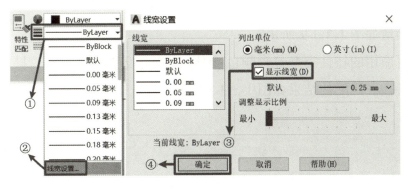

图 1-3-3-4

②操作方法二如图 1-3-3-5 所示。

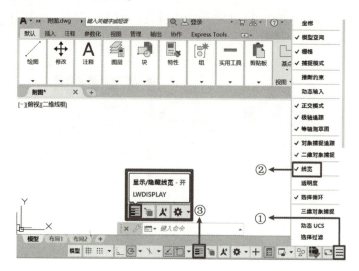

图　1-3-3-5

（3）线型

线型是指给定几何图形对象的视觉特性。线型可以是虚线、中心线等形式，也可以是未打断、连续形式，如图 1-3-3-6 所示。

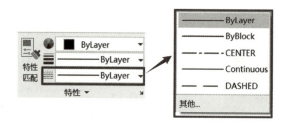

图　1-3-3-6

可以通过设置"线型管理器"对话框来加载线型，如图 1-3-3-7 所示，以加载并使用"CENTER"中心线为例进行操作示范。

（4）特性匹配

特性匹配是将选定对象的特性应用于其他对象。

①手动激活如图 1-3-3-8 所示。

②快捷键激活如图 1-3-3-9 所示。

特性匹配可应用的特性类型包含颜色、图层、线型、线型比例、线宽、打印样式、透明度和其他指定的特性。匹配的结果如图 1-3-3-10 所示。

小技巧：特性匹配就像 Office 软件中的"格式刷"，可以将目标对象的特性"刷成"与源对象一致，快捷键可以用"MA"来替代。真的很方便，快来试试吧！

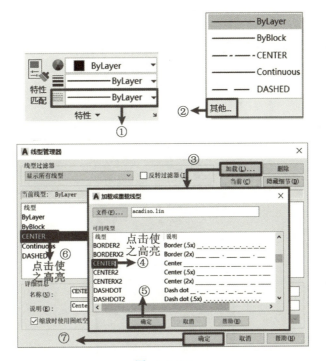

图 1-3-3-7

图 1-3-3-8

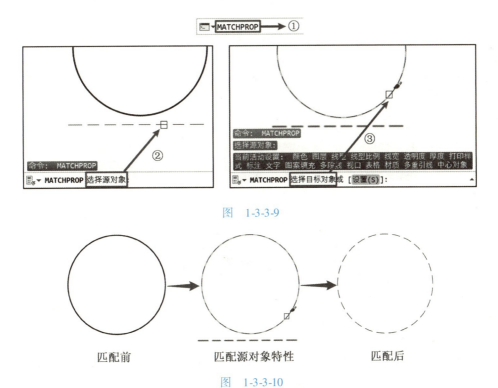

图 1-3-3-9

匹配前　　　匹配源对象特性　　　匹配后

图 1-3-3-10

（5）视频演示

用手机扫描封面二维码，查看资源1-3-3-1，动态演示更直观。

2."特性"选项板

（1）手动激活

操作方法如图1-3-3-11所示。

图 1-3-3-11

（2）快捷键激活

①操作方法一如下所示：

②操作方法二如下所示：

这里注意组合键"Ctrl+1"中的数字键"1"不能用小键盘上的。

（3）对象特性编辑

在特性选项板中包含对象的常规特性，如颜色、图层、线型和线宽等参数，也包含对象特有的特性参数，如圆的半径、直径等，如图1-3-3-12所示。

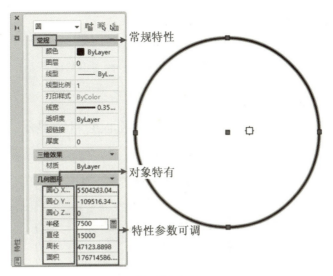

图　1-3-3-12

（4）视频演示

用手机扫描封面二维码，查看资源 1-3-3-2，动态演示更直观。

3."快捷特性"选项板

（1）手动激活

操作方法如图 1-3-3-13 所示。

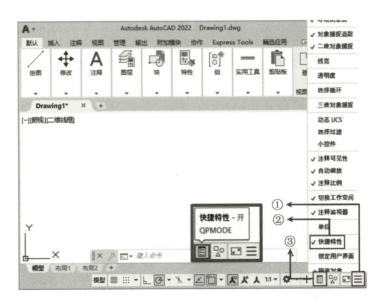

图　1-3-3-13

（2）快捷键激活

操作方法如图 1-3-3-14 所示。

图 1-3-3-14

打开"快捷特效"选项板后,当选中对象时,选项板会自动显示,我们可以在选项板中更改对象各项特性参数,如图1-3-3-15所示。

图 1-3-3-15

(3)视频演示

用手机扫描封面二维码,查看资源1-3-3-3,动态演示更直观。

二、设置图层

1. 理解图层

图层是在图形中按功能或用途组织对象的主要方法。开始绘制之前,创建一组图层将对我们的绘图工作非常有帮助。

在道路施工图中,可以创建道路中心线、二级公路、界碑、文字、一级公路等图层,如图1-3-3-16所示。

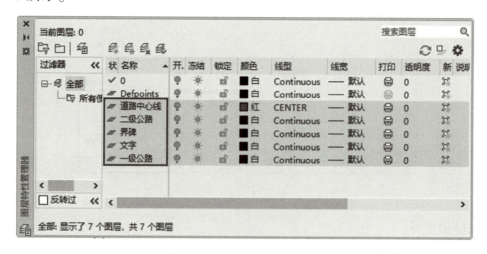

图 1-3-3-16

小技巧：其中 0 图层为系统默认图层，不可被删除。通常作图时，我们不在 0 图层创建对象，但在后续学习"块"的创建中要用到 0 图层。对于任何包含至少一个标注对象的图形，Auto CAD 将为其创建 Defpoints 图层。

如果大家将图层看作透明的塑料纸，会对理解图层的概念有所帮助。我们可通过在与特定功能或用途关联的图层上组织图形中的对象，如图 1-3-3-17 所示。

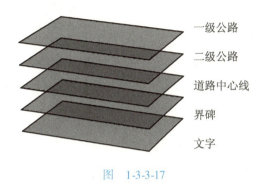

图　1-3-3-17

2."图层"面板

我们可以在"默认"选项卡的功能区中找到"图层"面板，如图 1-3-3-18 所示。

图　1-3-3-18

（1）图层工具

通过"图层"面板上的图层工具按钮，可以进行显示/关闭、隔离/取消隔离、冻结/取消冻结、锁定/解锁图层中对象等操作，如图 1-3-3-19 所示。

（2）图层列表

图层列表打开如图 1-3-3-20 所示。

在图层列表中可以编辑对象图层的开关、冻结和锁定等常用操作。

①开、关图层。控制该图层上对象的显示或关闭，如图 1-3-3-21 所示。

②冻结图层。冻结图层类似于将其关闭，其会在绘制特大图形中提高性能，如图 1-3-3-22 所示。

③锁定图层。锁定图层上的对象不可被编辑和删除，且显示为半透明，但仍可以模

糊地看到。为了防止意外更改某些图层上的对象,可以采用锁定图层,如图 1-3-3-23 所示。

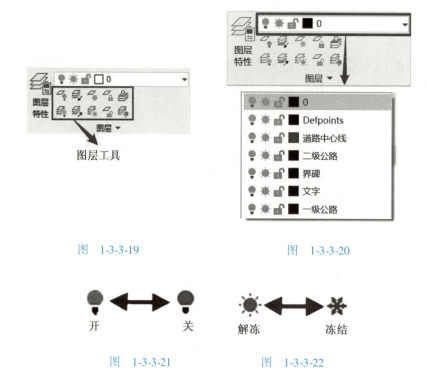

图 1-3-3-19　　　　　　　图 1-3-3-20

图 1-3-3-21　　　　　　　图 1-3-3-22

④当前图层。在图层面板中显示的图层即为"当前图层",所有新建的对象都将被写入该"当前图层",如图 1-3-3-24 所示。

图 1-3-3-23　　　　　　　图 1-3-3-24

✏ 小技巧:我们可以通过图层列表快速定义对象的图层属性,也可以通过选择对象在图层面板查看其图层特性。快来试试吧!

(3)视频演示

用手机扫描封面二维码,查看资源 1-3-3-4,动态演示更直观。

3. 图层特性管理器

(1)手动激活

操作方法如图 1-3-3-25 所示。

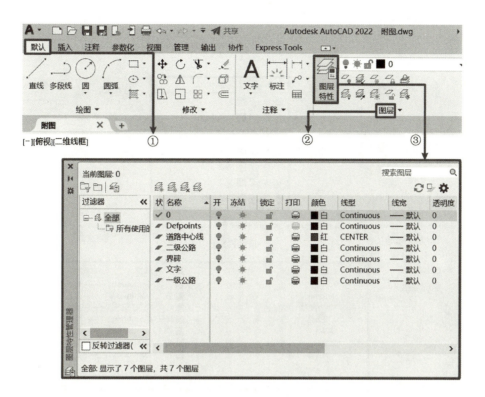

图 1-3-3-25

(2)快捷键激活

操作方法如图 1-3-3-26 所示。

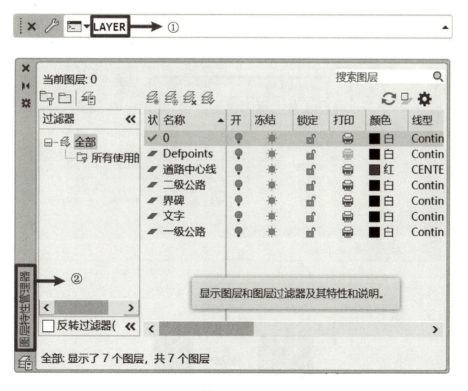

图 1-3-3-26

(3)创建图层列表

我们通过"图层特性管理器"创建并编辑图层列表,如图 1-3-3-27 所示。

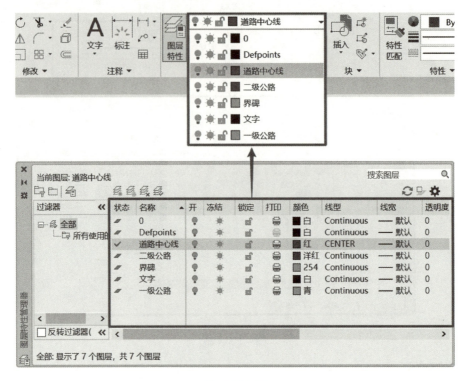

图 1-3-3-27

(4)新建图层

①操作方法一。单击新建图层按钮,如图 1-3-3-28 所示。

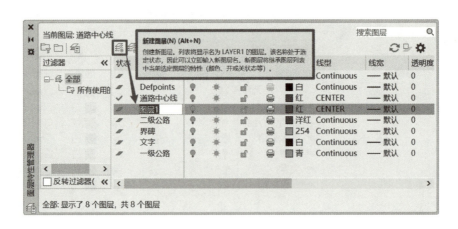

图 1-3-3-28

②操作方法二如下:

③操作方法三。在选中列表中源图层并高亮显示的状态下按回车键,即可以源图层的特性设置为模板新建一个图层,如1-3-3-29所示。

图　1-3-3-29

小技巧:我们可以连续按回车键快速新建多个同特性的图层,快来试试吧!

(5)当前图层

①操作方法一。选中列表中的图层使之高亮,单击"置为当前"按钮,设置其为当前图层,如图1-3-3-30所示。

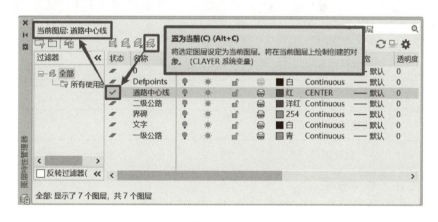

图　1-3-3-30

②操作方法二如下:

选中列表中的图层使之高亮,组合键"Alt + C",设置其为当前图层。

③操作方法三。鼠标双击列表中对应图层的"状态"单元格,如图1-3-3-31所示。

小技巧:图层特性管理器可以设置图层的默认特性,包含但不限于颜色、线型和线宽等特性。也可以批量关闭、冻结和锁定图层,它是AutoCAD图样管理的核心功能之一,快来试试吧!

图 1-3-3-31

(6)视频演示

用手机扫描封面二维码,查看资源 1-3-3-5,动态演示更直观。

任务验收

 对本节任务的学习情况评价一下吧!

任务评价指标				
序号	对象特性	自评	互评	老师评价
1	"特性"面板			
2	"特性"选项板			
3	"快捷特性"选项板			
4	设置图层			
评价等级:优秀、良好、合格、不合格。 (优秀:90 分以上;良好:75 到 90 分;合格:60 到 74 分;不合格:60 分以下)				
诊断与改进:				

知识巩固与提升

一、知识巩固

请按要求完成图层设置,如图 1-3-3-32 所示。

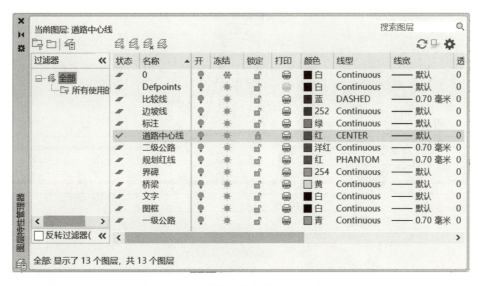

图 1-3-3-32

二、能力提升

如图 1-3-3-33 所示，绘制下图并通过特性编辑，将其颜色设为"红"，线型设为"CENTER"，线宽设为 1.0mm，圆心坐标设置为 (0,0)。

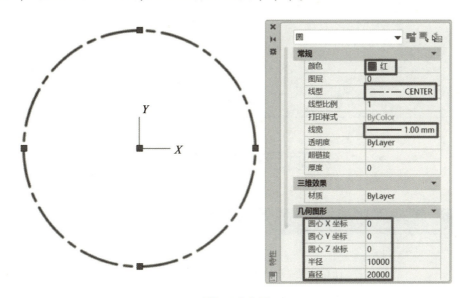

图 1-3-3-33

三、学以致用

请同学们分图层绘制以下道路路灯平面布置图，如图 1-3-3-34 所示，图中未注明尺寸的不做要求，其中尺寸标注和文字可以不注写。

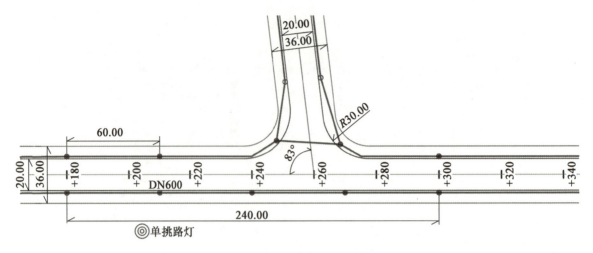

图 1-3-3-34(尺寸单位:m)

课 后 反 思

项目任务测评

素 养 测 评			
序号	培养目标	素养点	完成情况
1	规范意识	计算机的规范使用	
		绘图过程的规范步骤	
2	团结协作	乐于帮助有问题的同学	
		分工协作共同完成小组任务	
3	学习态度	课前预习完成情况	
		课中学习完成情况	
		课后绘图完成情况	

续上表

序号	培养目标	素养点	完成情况
4	创新意识	按任务要求完成给定样图的绘制	
		结合自身专业绘画出相关样图	
5	精益求精	多次练习,查漏补缺	
		准确掌握绘图步骤	
6	劳动精神	禁止带食物进入机房	
		保持机房环境干净整洁	
7	安全意识	遵守机房管理规章制度	
		离开机房时牢记关闭电源	

目标完成情况:已完成的目标栏请打√。

知 识 测 评

要求:
(1)确定本项目的修改命令,掌握二维图样编辑方法;
(2)根据自身学习情况,对所学知识进行查漏补缺;
(3)学习结束后对自身能力进行自评,及时了解自身学习情况。

任务一:选择实体对象				
序号	修改命令	手动命令	快捷命令	等级自评
1	拾取对象			
2	框选对象			
3	删除对象的选定状态			
4	快速选择对象			

评价等级:优秀、良好、合格、不合格。
(优秀:90分以上;良好:75到90分;合格:60到74分;不合格:60分以下)

任务二:常用编辑命令				
序号	修改命令	手动命令	快捷命令	等级自评
1	删除选定对象			
2	删除重复对象			
3	恢复删除的对象			
4	移动对象			
5	旋转对象			
6	复制对象			
7	阵列对象			

续上表

序号	修改命令	手动命令	快捷命令	等级自评
8	镜像对象			
9	偏移对象			
10	修剪对象			
11	延伸对象			
12	拉伸对象			
13	使用夹点编辑对象			

评价等级:优秀、良好、合格、不合格。
(优秀:90 分以上;良好:75 到 90 分;合格:60 到 74 分;不合格:60 分以下)

任务三:编辑对象特性

序号	对象特性	手动命令	快捷命令	等级自评
1	"特性"面板			
2	"特性"选项板			
3	"快捷特性"选项板			
4	设置图层			

评价等级:优秀、良好、合格、不合格。
(优秀:90 分以上;良好:75 到 90 分;合格:60 到 74 分;不合格:60 分以下)

说明:
(1)修改命令:训练二维图样编辑修改的能力。
(2)手动命令:训练对命令路径的掌握能力。
(3)快捷命令:掌握二维图样修改的技巧和快速作图的能力。
(4)等级自评:训练对重要程度划分权重的能力。

技 能 测 评

任务一:选择实体对象

序号	技能点	案例操作	操作评价
1	拾取对象	选择框点选对象	

续上表

序号	技能点	案例操作	操作评价
2	框选对象	窗口选择对象　　窗交选择对象	
3	删除对象的选定状态	用 Shift 键剔除	
4	快速选择对象	鼠标右键快捷菜单	
5	选择重叠或靠近的对象	利用"选择集"对话框	

操作评价等级：优秀、良好、合格、不合格。

续上表

序号	技能点	案例操作	操作评价
任务二:常用编辑命令			
1	删除选定对象	利用"Delete"键删除	
2	删除重复对象	利用 OVERKILL 删除重线	
3	恢复删除的对象	利用 UNDO 命令撤销	
4	移动对象	用 MOVE 命令移动对象	
5	旋转对象	用 ROTATE 命令旋转对象	
6	复制对象	用 COPY 命令复制对象	

续上表

序号	技能点	案例操作	操作评价
7	阵列对象	三种阵列模式的使用	
8	镜像对象	用 MIRROR 命令镜像对象	
9	偏移对象	用 OFFSET 命令偏移对象	
10	修剪对象	利用 TRIM 命令修剪对象	
11	延伸对象	利用 EXTEND 命令延伸对象	
12	拉伸对象	利用 STRETCH 命令拉伸对象	

续上表

序号	技能点	案例操作	操作评价
13	使用夹点编辑对象	利用多功能夹点编辑对象	

操作评价等级:优秀、良好、合格、不合格。

序号	技能点	案例操作	操作评价
		任务三:编辑对象特性	
1	"特性"面板	利用特性面板控制对象颜色、线宽和线型	
2	"特性"选项板	利用 Ctrl + 1 组合键激活	
3	"快捷特性"选项板	利用 QPMODE 命令激活	
4	设置图层	利用特性面板控制对象	

操作评价等级:优秀、良好、合格、不合格。

拓 展 测 评

要求：

（1）在老师的指导下，能够理解下图的组成结构，并能够用所学的二维绘图命令和修改命令绘制出图6所示的交叉路口竖向设计图。

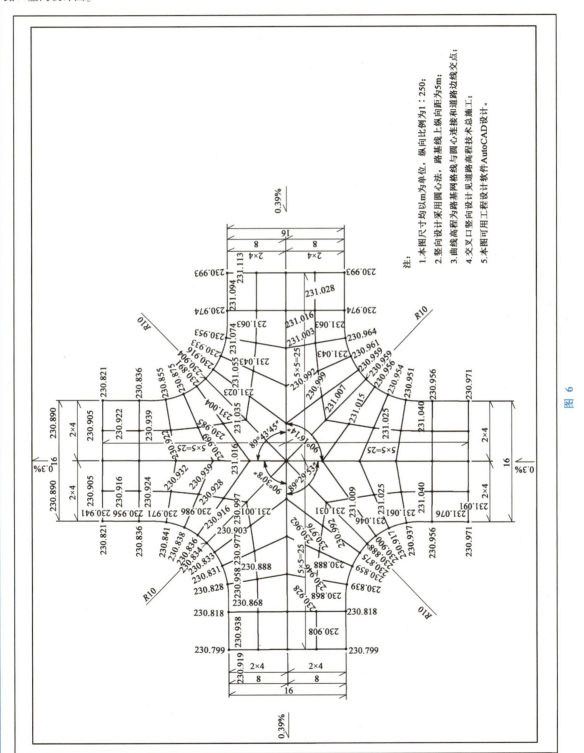

图 6

续上表

(2)结合本项目所学的知识和通过网上资料收集,归纳出该图涉及本项目的知识内容,并填写在下方,你是否已经掌握这些知识?

项目四　文字与表格

任务一　设置文字样式

素质目标:培养学生认真、细致的职业素养。
知识目标:掌握设置文字样式的方法。
能力目标:能够根据需要进行文字样式设置。

问题引导

1. 在绘图过程中如何选择符合规范要求的文字样式呢?

在 AutoCAD 中,使用"文字样式"设置功能可以设置文字样式。

2. 在 AutoCAD 中如何进行文字样式的设置呢?

激活文字样式设置对话框,新建文字样式,根据需要对新样式的字体名、字体样式、字高等要素进行设置。

任务实施

设置文字样式

文字样式是一组可随图形保存的文字要素的集合,包括字体、字高及特殊效果等。

在道路工程制图中最常用的字体为仿宋字,这里我们以"仿宋字"命名,设置新的文字样式。其中,字体名即为仿宋字,字高为 5,宽高比一般定义为 0.7,字体倾斜角度为 0°。

1. 文字样式的激活方式

激活文字样式命令,可选择下列方式之一:

(1)手动激活

①操作步骤如下。

②如图1-4-1-1所示。

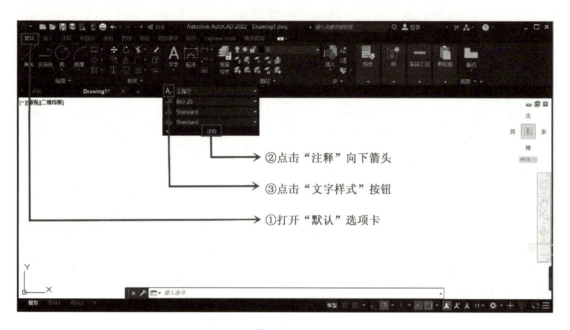

图 1-4-1-1

(2)快捷键激活

①操作步骤如下。

②如图1-4-1-2所示。

✏️ 小技巧:还有一种方法,可以直接输入快捷键"ST"启动文字样式设置哟。快来试试吧!

(3)视频演示

用手机扫描封面二维码,查看资源1-4-1-1,动态演示更直观。

2.设置文字样式

AutoCAD提供了字体、大小、效果等文字样式的选择,用户可根据需要进行设置。

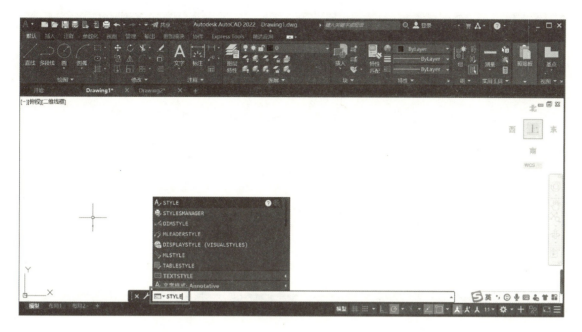

图 1-4-1-2

(1) 文字样式命名

点击"文字样式"对话框中的"新建(N)"按钮,弹出"新建文字样式"对话框,新定义样式名,点击"确定",如图 1-4-1-3 所示。

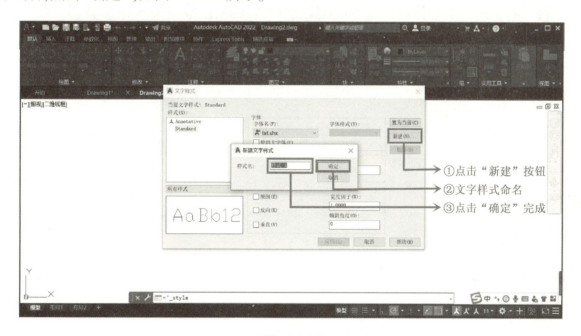

图 1-4-1-3

(2) 文字样式设置

在新样式名称(如"仿宋字")下,设置字体名、字体样式、高度、宽度因子等,如图 1-4-1-4 所示。

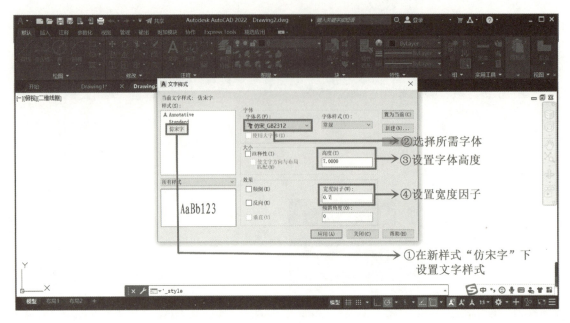

图 1-4-1-4

AutoCAD 中提供了两种类型的字体:一种是 Windows 操作系统提供的 True-Type 字体(TTF 字体),其特点是字形美观,可供选择的字体多,如宋体、仿宋、楷体等,但缺点是占计算机资源;另一种是 AutoCAD 所特有的形字体(SHX 字体),SHX 字体字形简单,占用计算机资源少,但字形不够美观。在 AutoCAD 绘图过程中,推荐使用 SHX 字体。

如果要使用 AutoCAD 中特有的形字体(.shx)如"bigfont.shx",则需在"字体名"下拉列表中选择"gbenor.shx"后,勾选"使用大字体(U)",在右侧出现的"大字体(B)"选项列表中选择"bigfont.shx"。

(3)基本操作步骤

先点击 STYLE,再点"新建(N)"按钮,然后定义样式名,接着设置字体、字高,最后设置宽度因子、角度。

(4)视频演示

用手机扫描封面二维码,查看资源 1-4-1-2,动态演示更直观。

任务验收

 对本节任务的学习情况评价一下吧!

任务评价指标					
序号	文字样式设置操作		自评	互评	老师评价
1	文字样式的激活方式	手动激活			
2		快捷键激活			

续上表

序号	文字样式设置操作		自评	互评	老师评价
3	设置文字样式	True-Type 字体设置			
4		SHX 字体设置			
评价等级:优秀、良好、合格、不合格。 (优秀:90 分以上;良好:75 到 90 分;合格:60 到 74 分;不合格:60 分以下)					
问题与改进:					

知识巩固与提升

一、知识巩固

新建一个文字样式,命名为"仿宋字",将字体设置为"仿宋",字高设为"7",宽度因子设置为"0.7"。

二、能力提升

使用大字体设置一个文字样式。文字样式命名为"工程字",将字体设置为大字体 bigfont.shx,字高设为"7",宽度因子设置为"0.7"。

课 后 反 思

任务二 标注文本

素质目标：培养学生独立思考、活学活用的核心素养。
知识目标：掌握单行文字、多行文字两种文本标注的基本操作。
能力目标：能够根据需要选择合适的文本方式进行文本标注。

问题引导

1. AutoCAD 创建文字的方式有哪几种？

AutoCAD 创建文字的方式有两种：单行文字和多行文字。

2. 如何对这两种文字进行选择和使用呢？

根据输入文字的内容和多少选择创建文字的方式。如果文字数量较少，且需要多位置、不连续多次输入，一般用单行文字；如果是长篇幅分段落的内容，一般选用多行文字。

另外，一些特殊符号(如钢筋符号等)仅在"单行文字"命令下显示，而文字的堆叠功能仅在多行文字中能使用。

任务实施

一、创建单行文字

单行文字是一种比较灵活的文字样式，适用于比较简短的文字输入。单行文字命令激活后，可通过鼠标指定位置进行连续性多位置单行文字输入，也可回车进行多行文字输入，但是每一行文字都是一个独立对象。

1. 单行文字命令的激活

（1）手动激活

①操作步骤如下。

②如图 1-4-2-1 所示。

图　1-4-2-1

(2)快捷键激活

①操作步骤。

②如图 1-4-2-2 所示。

图　1-4-2-2

✏️　小技巧:创建单行文字还有一种方法,直接输入快捷键"DT"也可以直接完成哟。快来试试吧!

（3）视频演示

用手机扫描封面二维码，查看资源1-4-2-1，动态演示更直观。

2.单行文字输入操作

点击TEXT，输入样式名，指定文字起点、高度、旋转角度，然后在绘图区键入文字。
视频演示：
用手机扫描封面二维码，查看资源1-4-2-2，动态演示更直观。

二、创建多行文字

多行文字命令可以创建多行多段的文字说明文本，与单行文字不同的是，多行文字创建的文本段落构成一个统一的实体对象。在多行文字中，可以对其中的单个字符或某一部分文字的属性，包括字体、字高、倾斜角度等进行设置。另外，在"文字格式"对话框中可实现堆叠文字。

1.多行文字命令的激活

（1）手动激活

①操作步骤如下。

②如图1-4-2-3所示。

图 1-4-2-3

(2)快捷键激活

①操作步骤如下。

②如图1-4-2-4所示。

图 1-4-2-4

✏️ 小技巧:创建多行文字还有一种方法,直接输入快捷键"MT"也可以直接完成哟。快来试试吧!

(3)视频演示

用手机扫描封面二维码,查看资源1-4-2-3,动态演示更直观。

2. 多行文字输入操作

点击MT(MTEXT),拉出矩形输入窗口,然后用文字编辑器设置参数,再输入文字内容,最后点击矩形框外任一位置结束。

视频演示。用手机扫描封面二维码,查看资源1-4-2-4,动态演示更直观。

任务验收

 对本节任务的学习情况评价一下吧！

任务评价指标					
序号	标注文本创建操作		自评	互评	老师评价
1	创建单行文字	单行文字命令激活			
2		单行文字输入操作			
3	创建多行文字	多行文字命令激活			
4		多行文字输入操作			
评价等级：优秀、良好、合格、不合格。 （优秀：90分以上；良好：75到90分；合格：60到74分；不合格：60分以下）					
问题与改进：					

知识巩固与提升

一、知识巩固

创建"仿宋"文字样式，利用单行文字书写汉字"洞口横断面图"，字高为7，字体为仿宋，宽度因子为0.7。

二、能力提升

创建"文字说明"文字样式，要求字体使用大字体 bigfont.shx，字高为5，宽度因子为0.7，倾斜角度为15°。文字说明内容如下：

注:(1)图中尺寸除高程、桩号以米计外,其余均以厘米计。

(2)全桥平面位于直线上,纵断面坡度为0%。

(3)本桥立面图中未绘制墙式护栏及桥台坡度。

课后反思

任务三 编辑文本及文本工具设置

素质目标:培养学生善于思考、灵活运用的能力素养。

知识目标:掌握单行文字、多行文字的样式修改及编辑操作,以及特殊符号输入、堆叠文字创建操作。

能力目标:能够对已有文字进行有效的修改编辑。

问题引导

1. 如何改变已有的文字内容?

在 AutoCAD 中,通过特性工具栏、双击文字内容等方式可以对已创建好的单行文字、多行文字进行编辑修改。

2. 如何在文字输入中输入特殊符号？

可以通过在文字输入时输入相应的代码等方式来实现特殊符号的输入。

3. 如何在文字输入中创建堆叠格式的文字？

可以通过多行文字编辑中的堆叠功能创建堆叠格式的文字。

任务实施

一、编辑单行文字

1. 特性工具栏编辑单行文字

（1）激活特性工具栏

①手动激活。

如图 1-4-3-1 所示。

图 1-4-3-1

②快捷键激活。

按 Ctrl + 1 也可激活特性工具栏。

(2)特性修改

①特性工具栏编辑修改如图1-4-3-2所示。

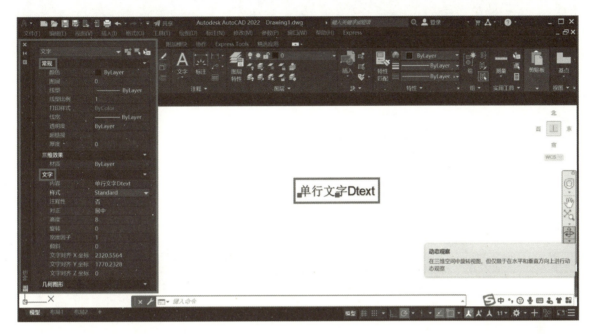

图　1-4-3-2

②注意事项。

点选单行文字,Ctrl+1激活特性工具栏,在常规或文字列表进行对应修改。

③视频演示。

用手机扫描封面二维码,查看资源1-4-3-1,动态演示更直观。

2. 双击编辑单行文字

双击单行文字可更改单行文字的输入内容。

①如图1-4-3-3所示,当双击单行文字时,出现蓝色底框,此时鼠标点击文字可进行添加或删除文字的操作。

②视频演示。

用手机扫描封面二维码,查看资源1-4-3-2,动态演示更直观。

3. 夹点法编辑单行文字

利用夹点编辑,可对单行文字进行整体移动、旋转、比例缩放等编辑操作。

①如图1-4-3-4所示。

②视频演示。

用手机扫描封面二维码,查看资源1-4-3-3,动态演示更直观。

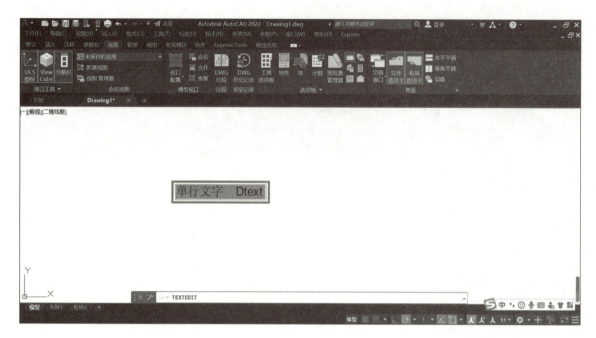

图 1-4-3-3

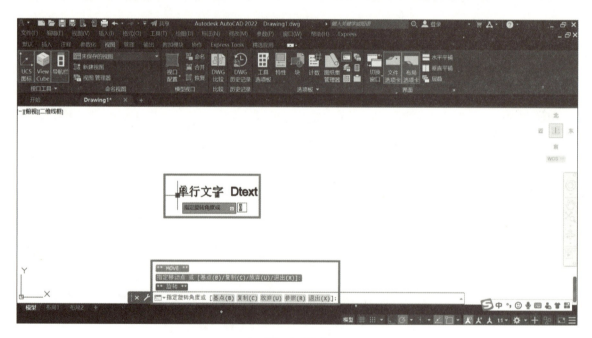

图 1-4-3-4

③注意事项。

鼠标点击单行文字；

激活左下角蓝色夹点；

当蓝色夹点变为红色时，连续回车，依次出现移动、旋转、比例缩放等操作。

二、编辑多行文字

1. 特性工具栏编辑多行文字

特性工具栏同样适用于多行文字的编辑修改,操作方法可参照本任务"编辑单行文字"中"利用特性工具栏对单行文字进行编辑修改"的介绍内容执行,此处不再赘述。

2. 双击多行文字进行编辑修改

双击多行文字可以直接启动"文字编辑器"选项卡,通过"文字编辑器"对多行文字进行编辑修改。

(1)注意事项

启动"文字编辑器"后,在输入框中可重新更改输入的文字,利用"文字编辑器"可设置文字的相关格式或对整段文字进行段落设置,如字体、字高、下划线、行距等,但文字样式变更会对整个文字对象产生影响,而不能对部分文字内容进行更改。

(2)视频演示

用手机扫描封面二维码,查看资源1-4-3-4、资源1-4-3-5,动态演示更直观。

三、特殊符号输入

工程绘图中经常需要输入很多特殊符号,如,直径符号"φ",正负公差符号"±",在文字输入时,可通过以下几种方式完成。

(1)百分号引导法

在 AutoCAD 中,有些特殊符号可以通过输入双百分号加上字符串组成的特殊代码来输入。例如,在文字输入时键入"％％C"生成直径符号φ,键入"％％P"生成正负号"±"等,特殊符号代码及含义见表1-4-3-1。

特殊符号代码及含义　　　　表1-4-3-1

特殊符号	代码	含义
‾	％％O	上划线
_	％％U	下划线
φ	％％C	直径符号
°	％％D	度符号
±	％％P	正负公差符号
％	％％％	百分号

（2）键盘输入法

①一些特殊符号,如希腊字母、数学符号、标点符号、罗马数字等可以通过Windows操作系统自带输入方式状态栏中的"特殊符号"进行输入,如图1-4-3-5所示。

图 1-4-3-5

②部分特殊符号也可直接用搜狗等中文输入法键入特殊符号汉字名称,如键入"直径"二字,文字选择框会出现"ϕ",如图1-4-3-6所示。

图 1-4-3-6

（3）视频演示

用手机扫描封面二维码,查看资源1-4-3-6,动态演示更直观。

四、创建堆叠文字

文字输入过程中常会遇到垂直对齐的文字或分数,创建这种堆叠文字,常使用三个特殊符号:"/",即斜杠,定义由水平线分隔的垂直堆叠;"#",即磅符号,定义斜分数;"^",即插入符,定义公差。

(1) 基本操作。

如图 1-4-3-7 所示。

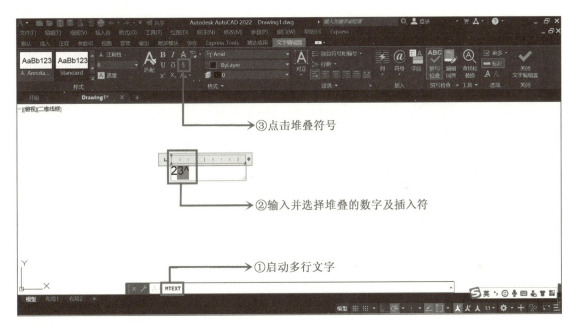

图 1-4-3-7

(2) 常见堆叠格式及效果见表 1-4-3-2。

堆叠格式输入及效果　　　　　　表 1-4-3-2

堆叠格式	输入内容	堆叠格式	输入内容
2^3	23^	1/5	1#5
H_k	H^K	$\pm\dfrac{0.52}{0.53}$	%%P0.52^0.53
$\dfrac{2}{3}$	2/3		

(3) 视频演示。

用手机扫描封面二维码,查看资源 1-4-3-7,动态演示更直观。

任务验收

 对本节任务的学习情况评价一下吧!

任务评价指标					
序号	标注文本创建操作		自评	互评	老师评价
1	编辑单行文字	特性工具栏编辑单行文字			
2		双击编辑单行文字			
3		夹点法编辑单行文字			
4	编辑多行文字	特性工具栏编辑多行文字			
5		文字编辑器编辑多行文字			
6	特殊符号输入	百分号引导法			
7		文字编辑器符号插入法			
8		键盘输入法			
9	创建堆叠文字				
评价等级:优秀、良好、合格、不合格。 (优秀:90 分以上;良好:75 到 90 分;合格:60 到 74 分;不合格:60 分以下)					
问题与改进:					

知识巩固与提升

一、知识巩固

(1)首先创建字体为仿宋字,字高为"5",宽度因子"0.7",单行文字"横断面图";然后将其改为"纵断面图"。

(2)练习 2^3、$\phi120$、±100、$45°$ 等特殊符号的输入。

二、能力提升

首先创建有关"注释说明"的多行文字,文字样式为"工程字",字体为仿宋字,字高为"5",宽度因子"0.7";然后将字体改为大字体 bigfont.shx。

文字说明内容如下：

注：(1)本图尺寸除高程以 m 计外，其余均以 cm 计。

(2)填土高度 h_s 为上游一侧路基边缘高出箱顶填土高度，挡土墙高≤10m。

(3)填土高度 h_s<1.77m 时，在浇筑箱顶混凝土前，请注意设置护栏柱预埋件。

课后反思

任务四　创建编辑表格

素质目标：培养学生严谨、细致、认真的职业素养。
知识目标：掌握创建表格、编辑表格的基本操作。
能力目标：能够根据需要完成表格编排任务。

问题引导

如何使用 AutoCAD 来实现公路工程制图中的表格绘制？

AutoCAD 专门提供了表格创建工具，以满足在软件内部即可绘制简单表格的使用需求。

通过对表格样式的创建、表格的插入、表格的编辑来实现表格的绘制。

任务实施

一、设置表格样式

1. 激活表格样式

(1)菜单栏激活(图 1-4-4-1)

| 工程CAD基础

图 1-4-4-1

（2）功能区激活（图1-4-4-2）

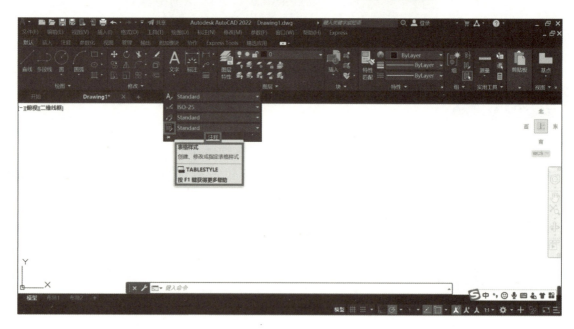

图 1-4-4-2

（3）视频演示

用手机扫描封面二维码，查看资源1-4-4-1，动态演示更直观。

2.表格样式设置操作

表格样式用于设置表格外观及文字样式,用户可以使用默认的表格样式 Standard,也可以根据需要自定义表格样式,表格样式可以对标题、表头(列标题)和数据行进行设置。

(1)表格样式命名(图1-4-4-3)

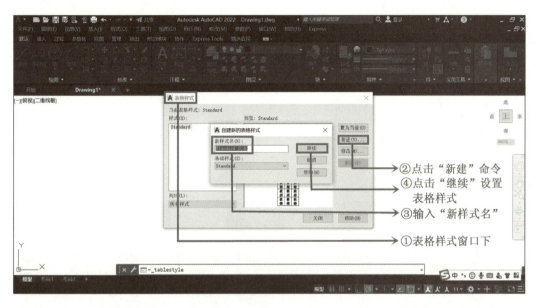

图 1-4-4-3

(2)设置操作

在"新建表格样式"对话框中,分别设置起始表格、表格方向、单元样式等,如图1-4-4-4所示。

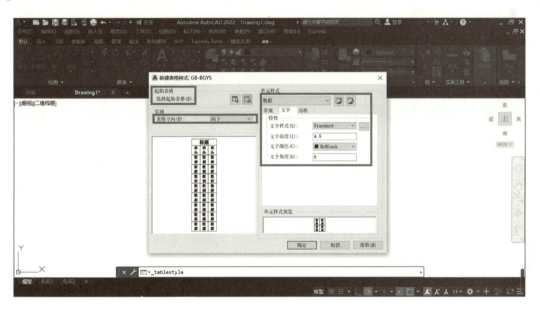

图 1-4-4-4

(3)注意事项

选择起始表格:可在图形中选择一个表格作为基础样式进行设置。

设置表格方向:"向下"即表格由上往下读取;"向上"即表格由下往上读取。

设置单元样式:对标题、表头、数据分别进行常规、文字和边框设置,包括填充颜色、对齐、文字样式、边框等的设置。

(4)视频演示

用手机扫描封面二维码,查看资源1-4-4-2,动态演示更直观。

二、插入表格

1. 表格插入的激活方式

操作步骤如图1-4-4-5所示。

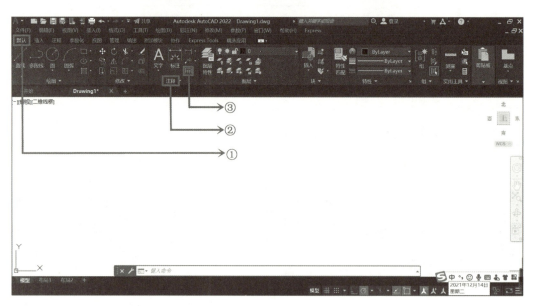

图 1-4-4-5

激活插入表格命令后将弹出"插入表格"对话框,如图1-4-4-6所示。

2. 选项功能及参数设置

①"表格样式":默认样式是"Standard",点击下拉列表框旁边的 ,可以新建表格样式。

②"插入选项":用于指定表格的插入方式。其中,"从空表开始"用于创建手动填充数据的空格表格,"自数据连接"用于依据外部电子表格数据创建表格,"自图形中的对象数据(数据提取)"用于启动"数据提取"向导。

③预览:用于预览当前表格样式。

④插入方式:用于指定表格位置。其中,"指定插入点"是指自左上角(表格方向"向下")或左下角(表格方向"向上")指定表格位置,"指定窗口"是指以窗口确定表格大小和位置。

⑤"列和行设置":用于设置列和行的数目和大小(列宽和行高)。

⑥"设置单元样式":用于设置新表格的单元格式。"第一行单元样式"默认为"标题"样式,"第二行单元样式"默认为"表头"样式,"所有其他行单元样式"默认为"数据"样式。

图 1-4-4-6

3. 操作步骤

单击"表格"按钮,打开"插入表格"对话框,选择表格样式或新建表格样式,选择"从空表格开始",以"指定插入点"方式插入表格,设置列数、列宽,行数、行高,设置单元样式,点击"确定",在绘图区插入表格。

4. 视频演示

用手机扫描封面二维码,查看资源1-4-4-3,动态演示更直观。

三、编辑表格

(1)特性工具栏编辑表格

表格创建完成后,用户可以选中表格,启动"特性"工具栏修改表格单元及内容,如图1-4-4-7所示。

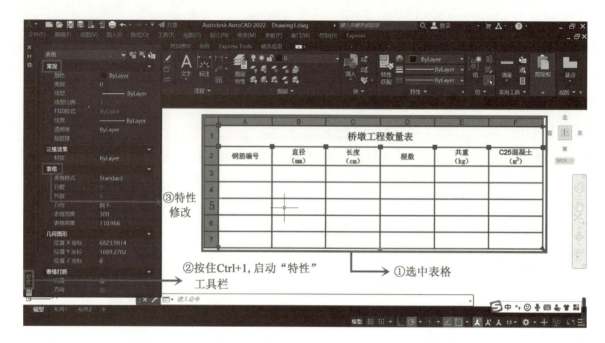

图 1-4-4-7

视频演示：

用手机扫描封面二维码，查看资源 1-4-4-4，动态演示更直观。

(2) 夹点法编辑表格

点击表格上任意网格线，显示表格夹点，操作相关夹点即可修改表格，如图 1-4-4-8 所示。

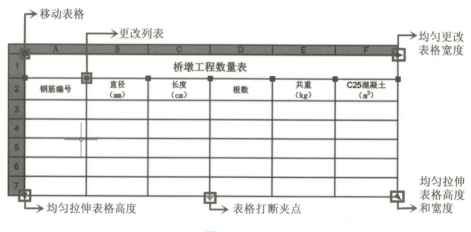

图 1-4-4-8

另外，单击单个单元格可通过夹点实现行高、列宽的更改。

视频演示：

用手机扫描封面二维码，查看资源 1-4-4-5，动态演示更直观。

(3)"表格"工具栏的使用

①"表格"工具栏激活。

功能区未处于活动状态时,在表格单元内单击,将显示"表格"工具栏,如图1-4-4-9所示。

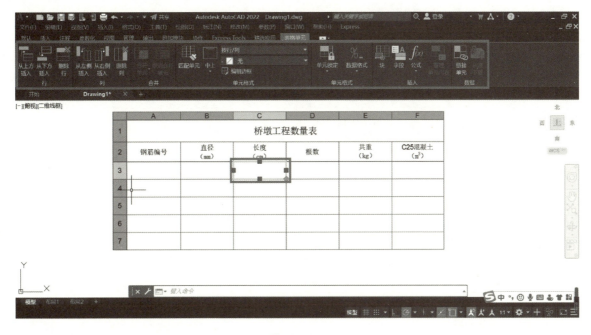

图 1-4-4-9

②注意事项。

通过"表格"工具栏,可编辑行和列,合并和取消合并单元,改变单元边框的外观,编辑数据格式和对齐,单元锁定,插入块、字段和公式,创建和编辑单元样式,将表格链接至外部数据等。

③视频演示。

用手机扫描封面二维码,查看资源1-4-4-6,动态演示更直观。

(4)在表格中插入公式

通过AutoCAD的表格功能可以实现公式的选择和使用,完成简单的数据计算、统计工作。

①插入公式激活。

②注意事项。

选中要插入公式的单元格,点击"插入公式"按钮,选择公式类型,完成公式计算,公式包括求和、均值、计数、单元、方程式等。

③视频演示。

用手机扫描封面二维码,查看资源1-4-4-7,动态演示更直观。

任务验收

 对本节任务的学习情况评价一下吧!

任务评价指标					
序号	标注文本创建操作		自评	互评	老师评价
1	设置表格样式	激活表格样式			
2		表格样式设置操作			
3		夹点法编辑单行文字			
4	插入表格	表格插入的激活方式			
5		选项功能及参数设置			
6		插入表格操作步骤			
7	编辑表格	特性工具栏编辑表格			
8		夹点法编辑表格			
9		"表格"工具栏的使用			
10		在表格中插入公式			

评价等级:优秀、良好、合格、不合格。
(优秀:90 分以上;良好:75 到 90 分;合格:60 到 74 分;不合格:60 分以下)

问题与改进:

知识巩固与提升

一、知识巩固

新建一个命名为"桥墩工程数量表"的表格样式,见表 1-4-4-1,要求对齐方式为"正中",新建文字样式为"仿宋",宽度因子为"0.7",标题文字高度为"5",表头和数据文字高度为"3.5"。

二、能力提升

插入上题中新建的命名为"工程数量表"的表格样式,将列数设为"6",列宽为"20",行数设为"3",行高为"1"。

桥墩工程数量表　　　　　　　　　　　　　　　表1-4-4-1

钢筋编号	直径（mm）	每根长度（cm）	根数	总质量（kg）	C25 混凝土（m³）
1	φ8	2675	6×12	187.20	15.20
2	φ6	132.40	4×64	173.40	
3		148.20	4×64		

三、学以致用

使用表格及表格样式创建标题栏,见表1-4-4-2,要求表格样式对齐方式为正中,文字样式为"仿宋字",文字高度为3.5,列数为"6",列宽为"12",数据行数为"3",行高为"1"(尺寸单位:mm)。

标题栏　　　　　　表1-4-4-2

课 后 反 思

项目任务测评

素 养 测 评			
序号	培养目标	素养点	完成情况
1	规范意识	计算机的规范使用	
		操作过程的规范步骤	

续上表

序号	培养目标	素养点	完成情况
2	团结协作	乐于帮助有问题的同学	
		小组分工协作,共同完成小组任务	
3	学习态度	课前预习完成情况	
		课中学习完成情况	
		课后绘图完成情况	
4	创新意识	按任务要求完成给定样图的绘制	
		结合自身专业绘制出相关样图	
5	精益求精	多次练习,查漏补缺	
		准确掌握绘图步骤	
6	劳动精神	禁止带食物进入机房	
		保持机房环境卫生,干净整洁	
7	安全意识	遵守机房管理规章制度	
		离开机房时记得关闭电源	

目标完成情况:已完成的目标栏请打√。

知 识 测 评

要求:
(1)确定本任务文字样式设置、文字创建及编辑、表格样式设置、表格插入及编辑的方法;
(2)根据自身学习情况,对所学知识进行查漏补缺;
(3)学习结束后对自身能力进行自评,及时了解自身学习情况。

任务一:设置文字样式

序号	创建方式	手动命令	快捷命令	等级自评
1	命令激活			
2	文字样式新建			
3	文字样式设置			
4	大字体设置			

评价等级:优秀、良好、合格、不合格。
(优秀:90分以上;良好:75到90分;合格:60到74分;不合格:60分以下)

任务二:标注文本

序号	表格	命令行	快捷命令	等级自评
1	单行文字激活			
2	单行文字输入			

续上表

序号	表格	命令行	快捷命令	等级自评
3	多行文字激活			
4	多行文字输入			

评价等级:优秀、良好、合格、不合格。
(优秀:90分以上;良好:75到90分;合格:60到74分;不合格:60分以下)

任务三:编辑文本及文本工具设置

序号	表格	命令行	快捷命令	等级自评
1	特性工具栏编辑单行文字			
2	双击编辑单行文字			
3	夹点法编辑单行文字			
4	特性工具栏编辑多行文字			
5	双击编辑多行文字			
6	百分号引导法输入特殊符号			
7	创建堆叠文字			

评价等级:优秀、良好、合格、不合格。
(优秀:90分以上;良好:75到90分;合格:60到74分;不合格:60分以下)

任务四:创建编辑表格

序号	表格	命令行	快捷命令	等级自评
1	设置表格样式			
2	插入表格			
3	编辑表格			
4	练习			

评价等级:优秀、良好、合格、不合格。
(优秀:90分以上;良好:75到90分;合格:60到74分;不合格:60分以下)

说明:
1.绘图命令:训练二维绘图的信息能力;
2.命令行:训练对信息重要性区分能力和掌握能力;
3.快捷命令:掌握二维绘图的技巧和快速作图的能力;
4.等级自评:训练对重要程度划分权重的能力。

续上表

技 能 测 评			
任务一：设置文字样式			
序号	技能点	案例操作	操作评价
1	激活文字样式	／输入"ST" 手动激活、快捷键激活操作	
2	设置文字样式	创建命名为"仿宋字"的文字样式 （字体名：仿宋 GB 2312；宽度因子：0.7； 倾斜角度：75°；其他不变）	
5	应用	创建命名为"工程字"的文字样式 （字体名：gbenor.shx、大字体 gbcbig.shx；其他不变）	

操作评价等级：优秀、良好、合格、不合格。

任务二：标注文本			
序号	技能点	案例操作	操作评价
1	创建单行文字	横断面图　　纵断面图 以创建的长仿宋字样式进行"横断面图""纵断面图"的单行文字输入，字高700（在单行文字输入时设置字高）	
2	创建多行文字	附注： 1. 图中尺寸除高程、桩号以米计外，其余均以厘米计。 2. 全桥平面位于直线上，纵断面坡度为0%。 3. 本桥立面图中未绘制墙式护栏及桥台坡度。 以创建的"工程字"进行多行文字输入，文字内容同上	

操作评价等级：优秀、良好、合格、不合格。

任务三：编辑文本及文本工具设置			
序号	技能点	案例操作	操作评价
1	编辑单行文字	1. 特性工具栏编辑多行文字练习； 2. 双击多行文字编辑练习	

续上表

序号	技能点	案例操作	操作评价
2	编辑多行文字	1. 在创建的"横断面图""纵断面图"文字内容基础上,利用特性工具栏编辑单行文字,尝试更改文字样式、文字内容等特性; 2. 在创建的"横断面图""纵断面图"文字内容基础上,双击单行文字编辑操作,尝试改变文字的内容; 3. 在创建的"横断面图""纵断面图"文字内容基础上,利用夹点法改变文字的位置、旋转角度、缩放大小等	
3	插入特殊符号	⌀ ± ° 特殊符号输入练习	
4	文字堆叠	2^3　H_k　$\frac{2}{3}$　$\frac{1}{5}$　$\pm\frac{0.52}{0.53}$ 文字堆叠输入练习	

操作评价等级:优秀、良好、合格、不合格。

任务四:创建编辑表格

序号	技能点	案例操作	操作评价
1	设置表格样式	激活表格样式设置对话框,设置起始表格、表格方向、单元样式等	
2	插入表格	激活插入表格对话框,设置参数,插入表格	
3	编辑表格	利用特性工具栏编辑以上插入表格; 使用夹点法编辑以上插入表格; 使用表格工具栏编辑以上插入表格	
4	插入公式	在表格中插入公式练习	

操作评价等级:优秀、良好、合格、不合格。

续上表

拓 展 测 评

某箱涵的主要指标见表1,要求如下。
(1)在老师的指导下,掌握图表的绘制方法,并能够用所学的文字与表格绘图命令绘制出下表;
(2)结合本项目所学的知识和网上资料收集,归纳出该表涉及本项目的知识内容,你是否已经掌握这些知识?

箱涵主要指标表   表1

净空 $B×H$ (m×m)	箱壁厚度(m)						进水口抬高式涵顶抬高段*		涵洞斜度 $\varphi(°)$
	涵顶填土 0.5～4.0m		涵顶填土 6.1～8.0m		涵顶填土 6.1～8.0m		抬高高度 ΔH (m)	抬高段长度 l(m)	
	T_1	T_2	T_1	T_2	T_1	T_2			
1.5×1.5	0.20	0.20					0.50	4.00	
1.5×2.0	0.20	0.20					0.55	4.00	
2.0×2.0	0.22	0.22					0.55	4.00	
2.0×2.5	0.22	0.22					0.65	4.00	
2.5×2.5	0.25	0.22	0.30	0.26			0.65	5.30	0,15
2.5×3.0	0.25	0.22	0.30	0.26			0.70	5.30	30,45
3.0×2.5	0.28	0.25	0.32	0.28			0.65	5.30	
3.0×3.0	0.28	0.25	0.32	0.28			0.70	5.30	
3.5×3.0	0.32	0.28	0.38	0.34	0.46	0.42	0.70	6.00	
3.5×3.5	0.32	0.28	0.38	0.36	0.46	0.42	0.90	6.00	
4.0×3.5	0.36	0.32	0.47	0.42	0.60	0.54	0.90	6.00	
4.0×4.0	0.36	0.32	0.47	0.42	0.60	0.54	1.00	6.00	

注:1.图中尺寸均以cm为单位。
2.本图仅绘出抬高式箱涵(平面左半部未示路基填土)。不抬高式箱涵进水口构造与出水口基本相同。
*进水口为抬高式涵顶填土的下限为0.5+ΔH。

任务:归纳出案例涉及本项目学习的知识内容。

模块二

项目一 尺寸标注

任务一 尺寸标注的组成

素质目标:培养学生仔细严谨、认真负责的职业素养。
知识目标:掌握线性尺寸标注的四大组成部分及各组成部分的规范要求。
能力目标:能正确进行线性标注、半径和直径标注、圆弧与弦长标注、角度标注、高程标注。

问题引导

1. 什么是尺寸标注?

在工程二维图样绘制中,尺寸标注是重要的组成部分,是施工的重要依据,因此尺寸标注需要准确、完整和清晰。尺寸标注通常由尺寸界线、尺寸线、尺寸起止符和尺寸数字组成。

2. 如何规范地对工程图样进行尺寸标注呢?

①掌握尺寸标注的主要组成部分;
②了解《道路工程制图标准》(GB 50162—92)中关于尺寸标注各部分的要求及标准;
③掌握各类尺寸标注类型的 AutoCAD 标注方法。

任务实施

一、尺寸标注的组成

尺寸应由尺寸界线、尺寸线、尺寸起止符和尺寸数字组成,如图 2-1-1-1 所示。

1. 尺寸界线

尺寸界线的一端应靠近所标注的图形轮廓线,另一端宜超出尺寸线 1~3mm。图形轮廓线、中心线也可作为尺寸界线。尺寸界线宜与被标注长度垂直;当标注困难时,也可不垂直,但尺寸界线应相互平行。如图 2-1-1-2 所示。

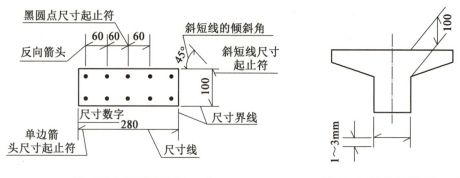

图 2-1-1-1(尺寸单位:mm)   图 2-1-1-2(尺寸单位:mm)

2. 尺寸线

尺寸线必须与被标注长度平行,不应超出尺寸界线,任何其他图线均不得作为尺寸线。在任何情况下,图线不得穿过尺寸数字。相互平行的尺寸线应从被标注的图形轮廓线由近向远排列,平行尺寸线间的间距可在 5~15mm 之间。分尺寸线应离轮廓线近,总尺寸线应离轮廓线远。如图 2-1-1-3 所示。

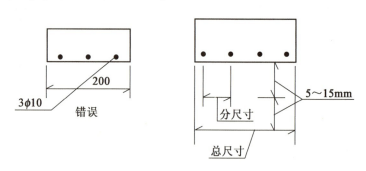

图 2-1-1-3(尺寸单位:mm)

3. 尺寸起止符

(1)单边箭头

尺寸起止符宜采用单边箭头表示,箭头在尺寸界线的左边时,应标注在尺寸线之上;反之,应标注在尺寸线之下。箭头大小可按绘图比例取值。如图 2-1-1-4 所示。

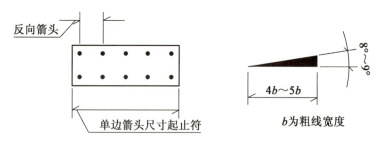

图 2-1-1-4(尺寸单位:mm)

（2）斜短线

尺寸起止符也可采用斜短线表示。把尺寸界线按顺时针转45°，作为斜短线的倾斜方向。如图2-1-1-5所示。

（3）黑圆点

在连续表示的小尺寸中，也可在尺寸界线同一水平的位置，用黑圆点表示尺寸起止符，如图2-1-1-6所示。

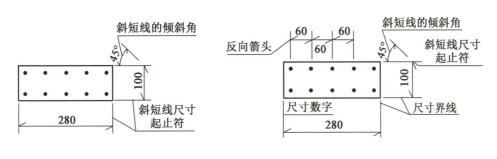

图 2-1-1-5（尺寸单位：mm）　　　　　图 2-1-1-6（尺寸单位：mm）

4. 尺寸数字

尺寸数字宜标注在尺寸线上方中部。当标注位置不足时，可采用反向箭头。最外边的尺寸数字，可标注在尺寸界线外侧箭头的上方，中部相邻的尺寸数字，可错开标注。尺寸数字及文字书写方向应按图2-1-1-7标注。

二、尺寸标注类型

1. 线性标注

线性标注尺寸线必须与被标注长度平行，尺寸界线垂直于被标注对象，宜按图2-1-1-8所示标注。

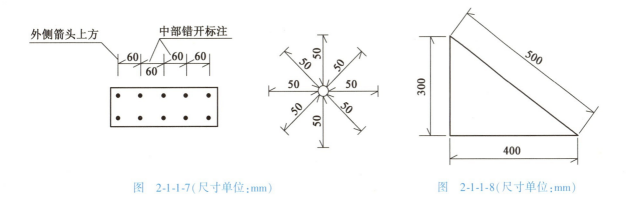

图 2-1-1-7（尺寸单位：mm）　　　　　图 2-1-1-8（尺寸单位：mm）

2. 半径与直径标注

半径与直径按图2-1-1-9标注。当圆的直径较小时，半径与直径可按图2-1-1-9b)标注;当圆的直径较大时,半径尺寸的起点可不从圆心开始,如图 2-1-1-9c)所示。半径和直径的尺寸数字前,应标注"r(R)"或"d(D)"。

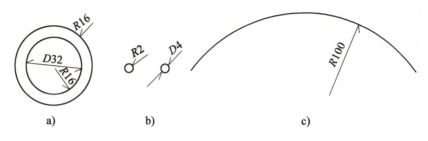

图 2-1-1-9(尺寸单位:mm)

3. 圆弧与弦长标注

圆弧尺寸宜按图 2-1-1-10 标注。

弦长的尺寸界线应垂直该圆弧的弦,宜按图 2-1-1-11 标注。

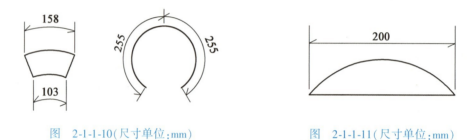

图 2-1-1-10(尺寸单位:mm)　　　　　　图 2-1-1-11(尺寸单位:mm)

4. 角度标注

角度尺寸线应以圆弧表示,角的两边为尺寸界线。角度数值宜写在尺寸线上方中部。当角度太小时,可将尺寸线标注在角的两条边的外侧。角度数字宜按图 2-1-1-12 标注。

5. 高程标注

高程符号应采用细实线绘制的等腰三角形表示。高为 2～3mm,底角为 45°。顶角应指至被注的高度,顶角向上、向下均可。高程数字宜标注在三角形的右边。负高程应冠以"－"号,正高程(包括零高程)数字前不应冠以"＋"号。当图形复杂时,也可采用引出线形式标注,如图 2-1-1-13 所示。

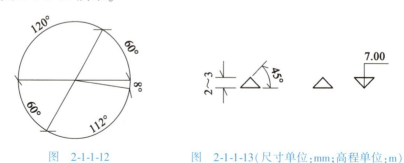

图 2-1-1-12　　　　　　图 2-1-1-13(尺寸单位:mm;高程单位:m)

任务验收

 对本节任务的学习情况评价一下吧!

任务评价指标				
序号	尺寸组成部分	自评	互评	老师评价
1	尺寸界线			
2	尺寸线			
3	尺寸起止符			
4	尺寸数字			

评价等级:优秀、良好、合格、不合格。
(优秀:90 分以上;良好:75 到 90 分;合格:60 到 74 分;不合格:60 分以下)

问题与改进:

知识巩固与提升

一、知识巩固

请利用所学的技能按 1∶1 的比例绘制如图 2-1-1-14 所示的单边箭头起止符号并标注尺寸。

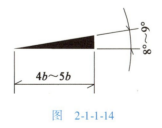

图 2-1-1-14

二、学以致用

请绘制如图 2-1-1-15 所示图样,并利用标注尺寸。

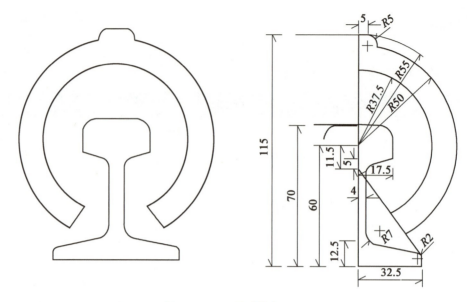

图 2-1-1-15(尺寸单位:mm)

课 后 反 思

任务二 设置尺寸标注的样式

素质目标:培养学生用计算机辅助设计的思维和严谨负责的职业素养。
知识目标:掌握规范要求的尺寸标注样式设置。
能力目标:能用新建、修改和管理标注样式。

问题引导

1. 什么是标注样式管理器?

标注样式管理器是创建新样式、设定当前样式、修改样式、设定当前样式的替代以及比较样式的工具。我们可以通过它设置符合制图规范的尺寸标注样式。

2. 如何设置符合规范要求的标注样式?

①掌握标注样式管理器的运用和设置;

②掌握尺寸规范的标注样式创建;

③掌握尺寸线、尺寸界线、尺寸起止符和尺寸数字的参数要求;

④了解多种标注样式的参数修改及管理运用。

任务实施

一、标注样式管理器

通过"标注样式管理器"可以创建、修改及使用尺寸标注的样式,如图 2-1-2-1 所示。

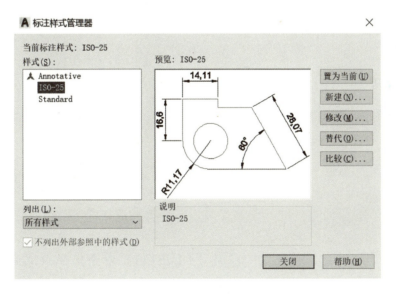

图 2-1-2-1

二、打开标注样式管理器

1. 手动激活

(1)操作方法一如图 2-1-2-2 所示。

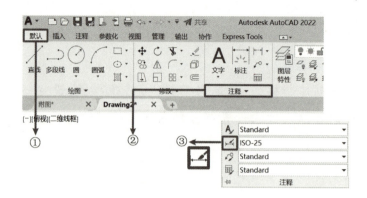

图 2-1-2-2

(2)操作方法二如图 2-1-2-3 所示。

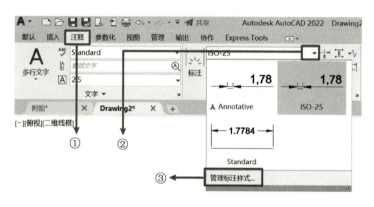

图 2-1-2-3

2.快捷键激活

操作方法如图 2-1-2-4 所示。

图 2-1-2-4

 小技巧:我们也可以用快捷键"D"调用 DIMSTYLE 命令!快来试试吧!

3.视频演示

用手机扫描二维码,查看资源 2-1-2-1,动态演示更直观。

三、新建标注样式

在标注样式管理器中,我们可以看到标注样式列表,在列表中默认存在 Annotative、

ISO-25 和 Standard 三种默认样式,但默认的几种标注样式一般不能满足《道路工程制图标准》的要求。因此,我们要"新建"添加规范的样式,如图 2-1-2-5 所示。

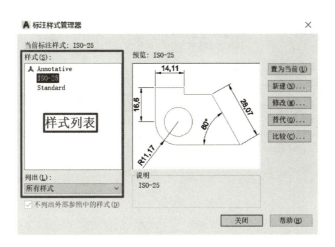

图 2-1-2-5

1. 创建新标注样式

我们在"创建新标注样式"对话框中设置"新样式名",选择"基础样式",如图 2-1-2-6 所示。

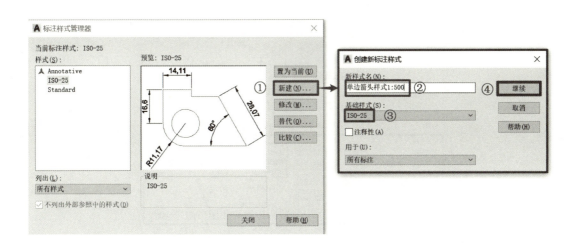

图 2-1-2-6

小技巧:通过"基础样式"选择可以快速创建相同样式而不同绘图比例的尺寸样式,快来试试吧!

2. 尺寸线设置

在新建标注样式对话框下的"线"选项中,设置尺寸线样式,如图 2-1-2-7 所示。

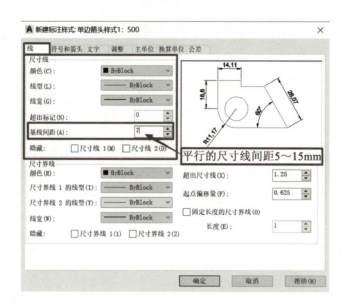

图 2-1-2-7

3. 尺寸界线设置

在新建标注样式对话框下的"线"选项中,设置尺寸界线样式,如图2-1-2-8所示。

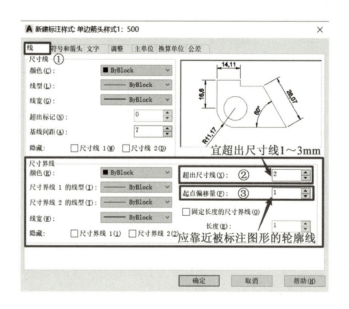

图 2-1-2-8

4. 起止符设置

(1) 单边箭头起止符

在软件自带的起止符号列表中并没有单边箭头符号,要设置单边箭头起止符需要通过"用户箭头…"选项自己新建符合制图规范的单边箭头起止符,如图2-1-2-9所示。

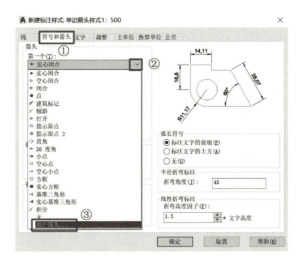

图 2-1-2-9

但在默认"选择自定义箭头块"中并没有我们需要的箭头块,如图 2-1-2-10 所示。

图 2-1-2-10

可以通过本项目任务一中的"拓展练习"图 2-1-1-14 所示的单边箭头起止符图形,创建"自定义箭头块",如图 2-1-2-11 所示。

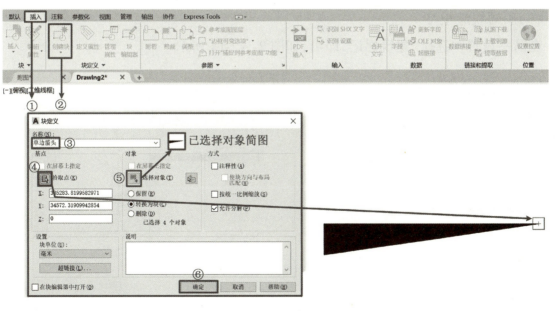

图 2-1-2-11

在创建自定义箭头块之后,"选择自定义箭头块"中下拉列表就可以选择"单边箭头"块,根据规范设置"箭头大小"为适宜尺寸、"圆心标记"为无,如图 2-1-2-12 所示。

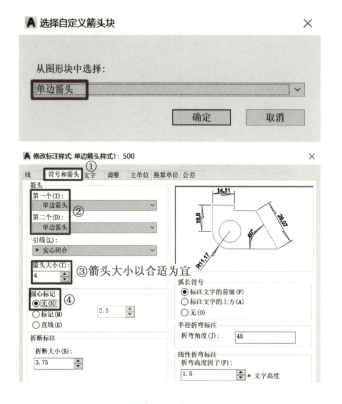

图 2-1-2-12

(2)黑圆点起止符

在箭头设置中选择"小点"即可,如图 2-1-2-13 所示。

(3)斜短线起止符

在箭头设置中选择"建筑标记"即可,如图 2-1-2-14 所示。

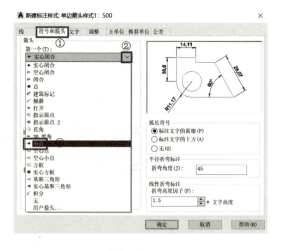

图 2-1-2-13　　　　　　　　　　　　图 2-1-2-14

5. 尺寸数字设置

在"文字"选项中,设置"文字样式",如图 2-1-2-15 所示。

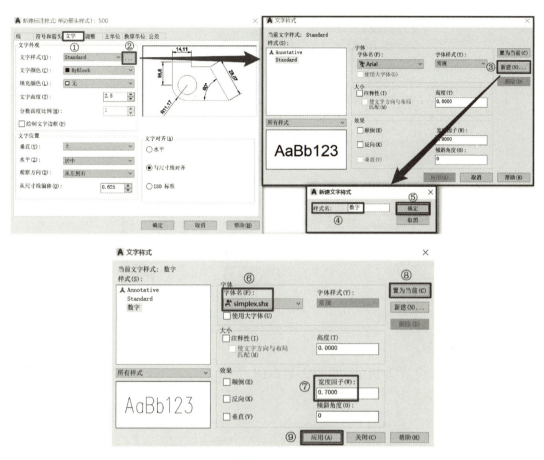

图　2-1-2-15

设置文字样式结果如图 2-1-2-16 所示。

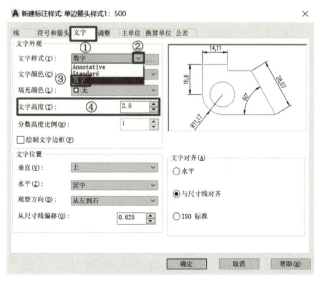

图　2-1-2-16

6. 全局比例设置

在"调整"选项中，设置全局比例，如图 2-1-2-17 所示。

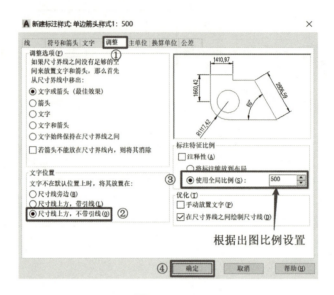

图　2-1-2-17

7. 置为当前设置

将新建标注样式设置为当前，如图 2-1-2-18 所示。

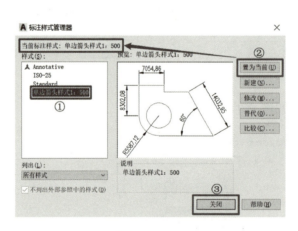

图　2-1-2-18

8. 视频演示

用手机扫描封面二维码，查看资源 2-1-2-2，动态演示更直观。

四、修改标注样式

在使用中的尺寸样式，可以通过"修改"整体变换尺寸设置参数，以改变"起止符"为例，如图 2-1-2-19 所示。

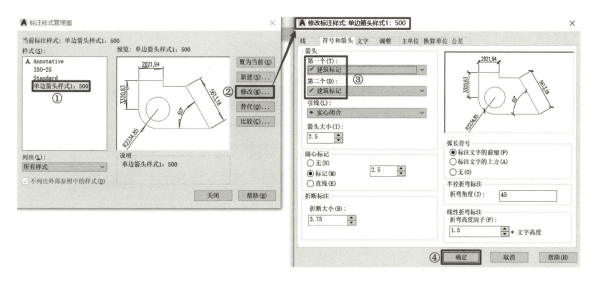

图 2-1-2-19

五、管理标注样式列表

1. 删除标注样式

可以通过"样式列表"中选中要删除的样式使之高亮,按"Delete"键或鼠标右键,点击删除。但下列两种情况的标注样式不能被删除。

(1) 当前标注样式

当前标注样式不能被删除,如图 2-1-2-20 所示。

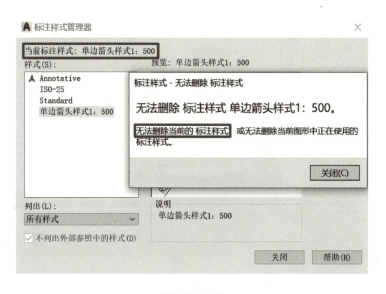

图 2-1-2-20

(2) 正在使用的标注样式

当前图形中正在使用的标注样式不能被删除,如图 2-1-2-21 所示。

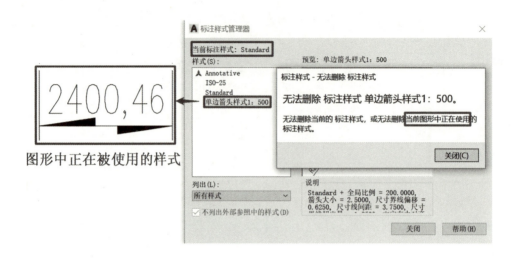

图 2-1-2-21

2. 列出正在使用的样式

通过"列出"下方菜单中的"正在使用的样式",可以在样式列表中筛选出"当前标注样式"和"正在使用的标注样式",这样有助于我们管理标注样式列表,如图 2-1-2-22 所示。

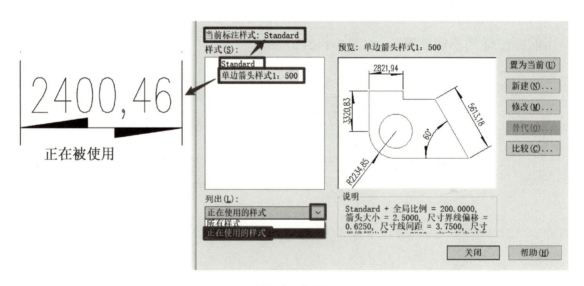

图 2-1-2-22

3. 视频演示

用手机扫描封面二维码,查看资源 2-1-2-3,动态演示更直观。

任务验收

 对本节任务的学习情况评价一下吧！

任务评价指标				
序号	内容	自评	互评	老师评价
1	标注样式管理器			
2	创建新标注样式			
3	尺寸线设置			
4	尺寸界线设置			
5	起止符设置			
6	尺寸数字设置			
7	全局比例设置			
8	置为当前			
9	圆弧符号设置			
10	标注单位设置			
评价等级：优秀、良好、合格、不合格。 （优秀：90 分以上；良好：75 到 90 分；合格：60 到 74 分；不合格：60 分以下）				
问题与改进：				

知识巩固与提升

一、知识巩固

请按图 2-1-2-23 所示的要求，并根据制图规范完成尺寸标注样式的设置。

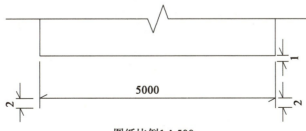

图 2-1-2-23（尺寸单位：mm）

二、能力提升

请按图 2-1-2-24 所示的要求,并根据制图规范完成尺寸标注样式的设置。

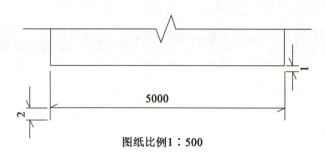

图 2-1-2-24(尺寸单位:mm)

三、学以致用

请同学们完成模块一项目三任务二中的某城市小公园的道路平面图(图 1-3-2-45)尺寸标注,如图 2-1-2-25 所示。

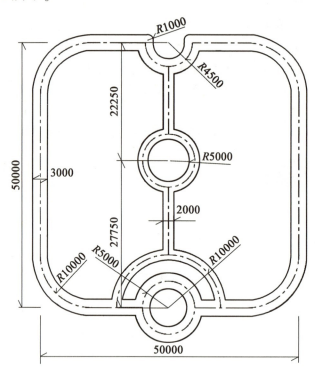

课 后 反 思

任务三　图形对象尺寸标注

素质目标:培养学生仔细严谨、认真负责的职业素养。
知识目标:掌握尺寸标注样式的选用、命令的调用及操作。
能力目标:能应用常用标注命令和快速标注命令对图样对象进行尺寸标注。

问题引导

1. 如何通过 AutoCAD 对工程图样进行规范的标注呢?

需要在尺寸样式规范设置的基础上,利用 AutoCAD 强大的注释功能,通过尺寸标注命令完成对工程图样的规范标注。

2. 有没有快捷方法,让我们能快速标注对象?

有快捷方法来快速标注对象。
①根据标注对象选取创建好的标注样式;
②用常用标注命令,完成工程图样遇到的所有标注类型绘制;
③用快速标注命令,提升我们整体尺寸标注的速度与效率。

任务实施

在本项目任务二中已经学习怎么应用"标注样式管理器"选择"当前标注样式",在绘图过程中我们还可以通过选项面板快速切换,选择需要的标注样式进行尺寸标注。

1. 从"默认"选项卡选择

从"默认"选项卡"注释"面板的"标注样式"下拉列表选择,如图 2-1-3-1 所示。

2. 从"注释"选项卡选择

从"注释"选项卡"标注"面板的"标注样式"下拉列表选择,如图 2-1-3-2 所示。

| 工程CAD基础

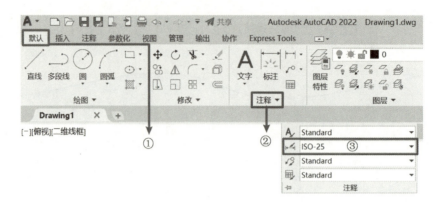

图 2-1-3-1

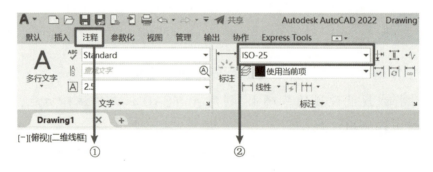

图 2-1-3-2

二、常用标注命令

我们可以在"默认"选项卡的"注释"面板中找到各标注类型命令,如图 2-1-3-3 所示。

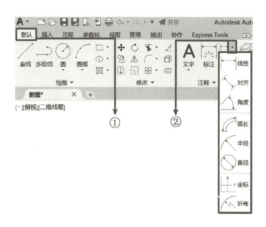

图 2-1-3-3

也可以在"注释"选项卡下的"标注"面板调用各标注类型命令,如图 2-1-3-4 所示。

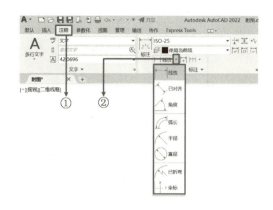

图 2-1-3-4

本项目以下操作演示中的"手动激活"方式,以"注释"选项卡中调用相应标注命令为例进行演示。

1. 线性标注

(1)水平、竖直线性标注

①手动激活,如图 2-1-3-5 所示。

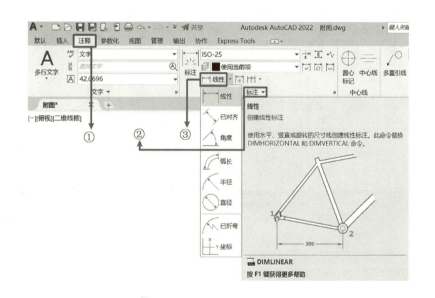

图 2-1-3-5

②快捷键激活,如图 2-1-3-6 所示,输入命令后依次点选标注对象的起始点(图中②和③点)和尺寸线位置(图中④点),完成水平线性标注,竖直线性标注同此操作步骤。

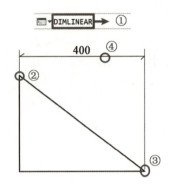

图 2-1-3-6(尺寸单位:mm)

✎ 小技巧：我们也可以通过"DLI"快捷命令完成 DIMLINEAR 的调用哦。快来试试吧！

(2)对齐线性标注

如图 2-1-3-7 所示,调用命令后依次点取标注对象的端点(图中④和⑤)及尺寸线位置(图中⑥)。

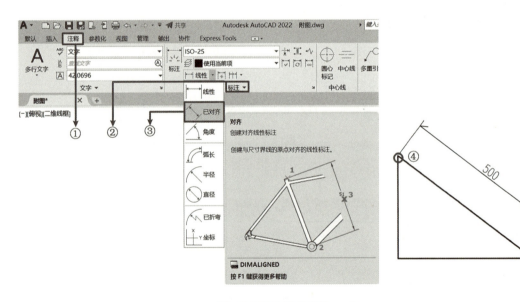

图 2-1-3-7(尺寸单位:mm)

(3)视频演示

用手机扫描封面二维码,查看资源 2-1-3-1,动态演示更直观。

2. 角度标注

(1)手动激活

如图 2-1-3-8 所示,调用命令后依次点取标注角度的两条边(图中④和⑤)及尺寸线位置(图中⑥)。

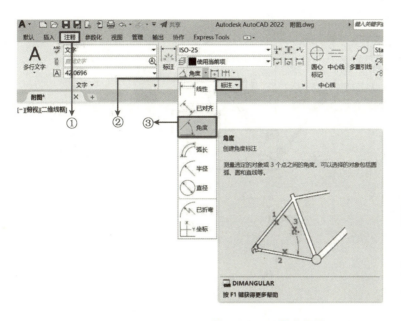 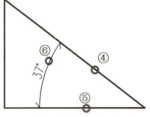

图 2-1-3-8(尺寸单位:mm)

(2)视频演示

用手机扫描封面二维码,查看资源 2-1-3-2,动态演示更直观。

3. 弧长标注

(1)手动激活

如图 2-1-3-9 所示,调用命令后依次点取标注弧长的对象(图中④)及尺寸线位置(图中⑤)。

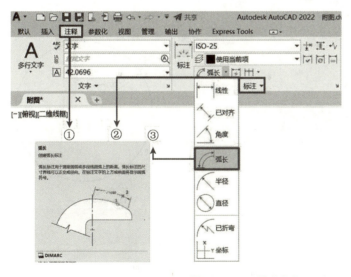 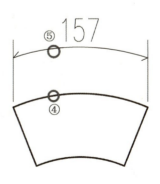

图 2-1-3-9(尺寸单位:mm)

✏️ 小技巧:《道路工程制图标准》中的弧长没有弧长标记"⌒",我们要在"标注样式管理器"中设置,如图 2-1-3-10 所示。快来试试吧!

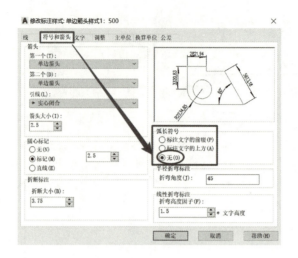

图 2-1-3-10

(2)视频演示

用手机扫描封面二维码,查看资源 2-1-3-3,动态演示更直观。

4. 半径标注

(1)手动激活

如图 2-1-3-11 所示,调用命令后依次点取标注半径的对象(图中④)及尺寸线位置(图中⑤)。

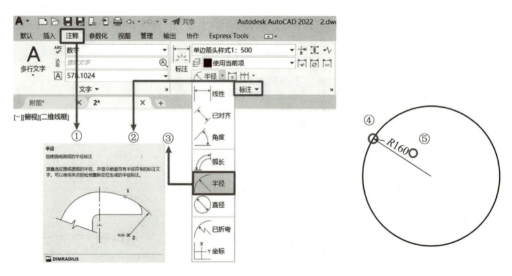

图 2-1-3-11(尺寸单位:mm)

(2)视频演示

用手机扫描封面二维码,查看资源 2-1-3-4,动态演示更直观。

5. 直径标注

(1)手动激活

如图 2-1-3-12 所示,调用命令后依次点取标注直径的对象(图中④)及尺寸线位置

(图中⑤)。

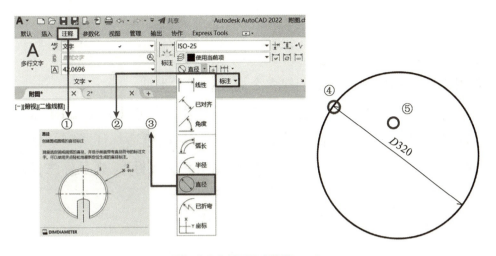

图 2-1-3-12(尺寸单位:mm)

✏️ 小技巧:《道路工程制图标准》中直径符号为"d(D)",我们要在"标注样式管理器"中设置,如图2-1-3-13所示。快来试试吧!

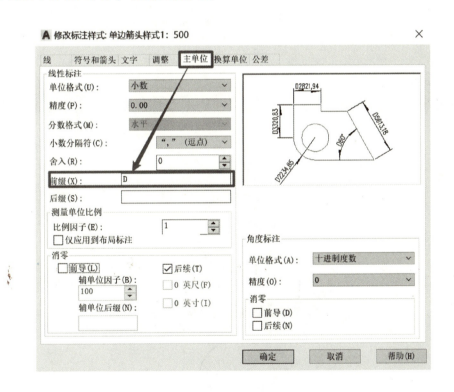

图 2-1-3-13

(2)视频演示

用手机扫描封面二维码,查看资源2-1-3-5,动态演示更直观。

三、快速标注命令

1. DIM 标注

可以使用单个"DIM"标注命令创建多个标注和标注类型。

激活 DIM 命令后,可以选择要标注的对象或对象上的点,然后单击以放置尺寸线。当将光标悬停在对象上时,DIM 命令将自动生成要使用的合适标注类型。例如,垂直、水平和对齐的线性标注、角度标注、半径和折弯半径标注、直径标注、弧长标注、快速标注。

（1）手动激活

手动激活如图 2-1-3-14 所示。

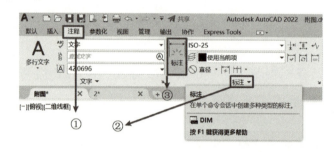

图 2-1-3-14

（2）快捷键激活

快捷键激活如图 2-1-3-15 所示,激活命令后,点取标注对象(图中②)及尺寸线位置(图中③)。

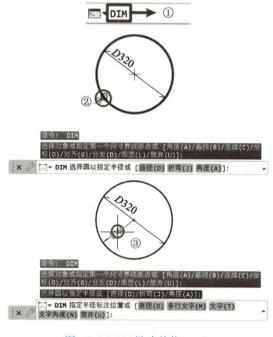

图 2-1-3-15(尺寸单位:mm)

(3)视频演示

用手机扫描封面二维码,查看资源 2-1-3-6,动态演示更直观。

2．连续标注

(1)手动激活

如图 2-1-3-16 所示。

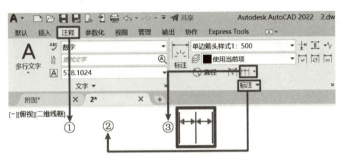

图 2-1-3-16

(2)快捷键激活

如图 2-1-3-17 所示,激活命令后,选择连续标注的对象(图中②),依次点击连续标注图形对象的位置。

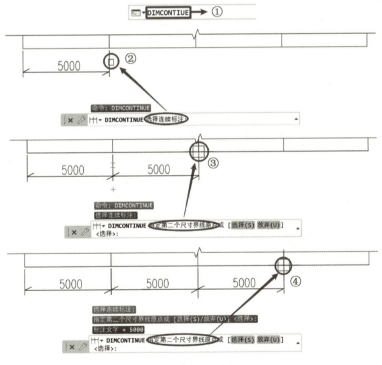

图 2-1-3-17(尺寸单位:mm)

✏️ 小技巧:我们也可以通过"DCO"快捷命令完成 DIMCONTINUE 命令的调用哦。快来试试吧!

（3）视频演示

用手机扫描封面二维码，查看资源2-1-3-7，动态演示更直观。

3. 基线标注

（1）手动激活

手动激活如图2-1-3-18所示。

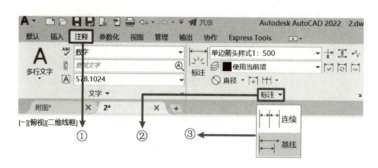

图 2-1-3-18

（2）快捷键激活

快捷键激活如图2-1-3-19所示，激活命令后，选择基线标注的对象（图中②），依次点击基线标注图形对象的位置（图中③）。

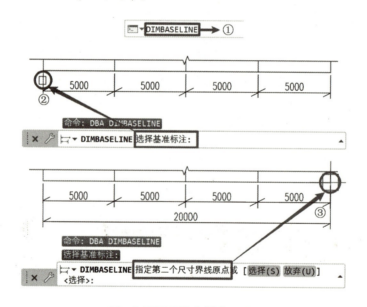

图 2-1-3-19（尺寸单位：mm）

✏️ 小技巧：我们也可以通过"DBA"快捷命令完成DIMBASELINE命令的调用哦。快来试试吧！

（3）视频演示

用手机扫描封面二维码，查看资源2-1-3-8，动态演示更直观。

任务验收

✏️ 对本节任务的学习情况评价一下吧！

任务评价指标				
序号	内容	手动命令	快捷命令	等级自评
1	标注样式选择			
2	水平、竖直线性标注			
3	对齐线性标注			
4	角度标注			
5	弧长标注			
6	半径标注			
7	直径标注			
8	DIM 标注			
9	连续标注			
10	基线标注			
11	快速标注			

评价等级：优秀、良好、合格、不合格。
（优秀：90 分以上；良好：75 到 90 分；合格：60 到 74 分；不合格：60 分以下）

问题与改进：

知识巩固与提升

一、知识巩固

请按要求绘制图样，并完成图样的线型尺寸标注，如图 2-1-3-20 所示。

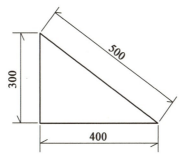

图 2-1-3-20（尺寸单位：mm）

二、能力提升

请按要求绘制图样,并完成图样的线型尺寸标注,如图 2-1-3-21 所示。

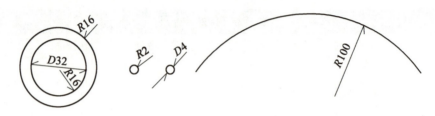

图 2-1-3-21(尺寸单位:mm)

三、学以致用

请同学们新建标注图层并绘制以下道路路灯平面布置图并按示例标注尺寸标记,如图 2-1-3-22 所示,图中未注明尺寸不做要求。

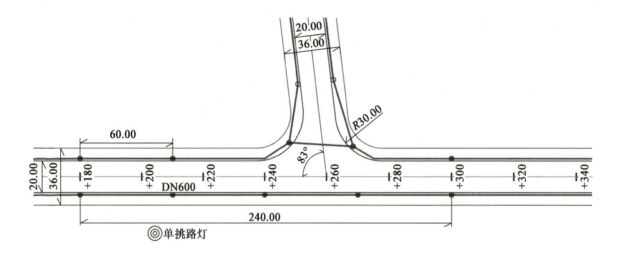

课 后 反 思

项目任务测评

序号	培养目标	素养点	完成情况
素养测评			
1	规范意识	计算机的规范使用	
		绘图过程的规范步骤	
2	团结协作	乐于帮助有问题的同学	
		小组分工协作,共同完成小组任务	
3	学习态度	课前预习完成情况	
		课中学习完成情况	
		课后绘图完成情况	
4	创新意识	按任务要求完成给定样图的绘制	
		结合自身专业绘画出相关样图	
5	精益求精	多次练习查漏补缺	
		准确掌握绘图步骤	
6	劳动精神	禁止带食物进入机房	
		保持机房环境卫生,干净整洁	
7	安全意识	遵守机房管理规章制度	
		离开机房时记得关闭电源	

目标完成情况:已完成的目标栏请打√。

知识测评

要求:
(1)掌握尺寸标注的组成、类型及规范标注要求和标记方法;
(2)根据自身学习情况,对所学知识进行查漏补缺;
(3)学习结束后对自身能力进行自评,及时了解自身学习情况。

任务一:尺寸标注的组成

序号	组成部分	要求	等级自评
1	尺寸界线		
2	尺寸线		
3	尺寸起止符		
4	尺寸数字		

续上表

任务二：设置尺寸标注的样式					
序号	内容	命令		要求	等级自评
1	标注样式管理器				
2	创建新标注样式				
3	尺寸线设置				
4	尺寸界线设置				
5	起止符设置				
6	尺寸数字				
7	全局比例设置				
8	置为当前				
9	圆弧符号设置				
10	标注单位设置				

评价等级：优秀、良好、合格、不合格。
（优秀：90分以上；良好：75到90分；合格：60到74分；不合格：60分以下）

任务三：图形对象尺寸标注				
序号	内容	手动命令	快捷命令	等级自评
1	标注样式选择		/	
2	水平、竖直线性标注			
3	对齐线性标注			
4	角度标注		/	
5	弧长标注		/	
6	半径标注		/	
7	直径标注		/	
8	DIM标注			
9	连续标注			
10	基线标注			
11	快速标注			

评价等级：优秀、良好、合格、不合格。
（优秀：90分以上；良好：75到90分；合格：60到74分；不合格：60分以下）

说明：
1. 尺寸标注规范：尺寸规范标注的操作能力。
2. 手动命令：训练对命令路径的掌握能力。
3. 快捷命令：掌握二维图样修改的技巧和快速作图的能力。
4. 等级自评：训练对重要程度划分权重的能力。

续上表

	技 能 测 评			
	任务一:尺寸标注的组成			
序号	技能点	案例操作		操作评价
1	尺寸界线	尺寸界线的一端应靠近所标注的图形轮廓线,另一端宜超出尺寸线1~3mm		
2	尺寸线	尺寸线必须与被标注长度平行,不应超出尺寸界线,任何其他图线均不得作为尺寸线		
3	尺寸起止符	尺寸起止符宜采用单边箭头表示,箭头在尺寸界线的右边时,应标注在尺寸线之上		
4	尺寸数字	尺寸数字宜标注在尺寸线上方中部		
操作评价等级:优秀、良好、合格、不合格。				

续上表

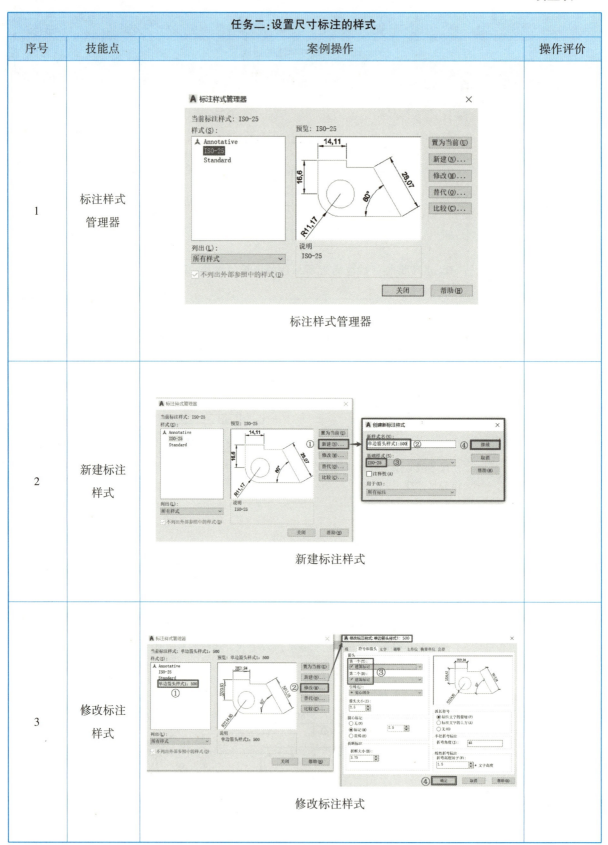

续上表

序号	技能点	案例操作	操作评价
4	管理标注样式	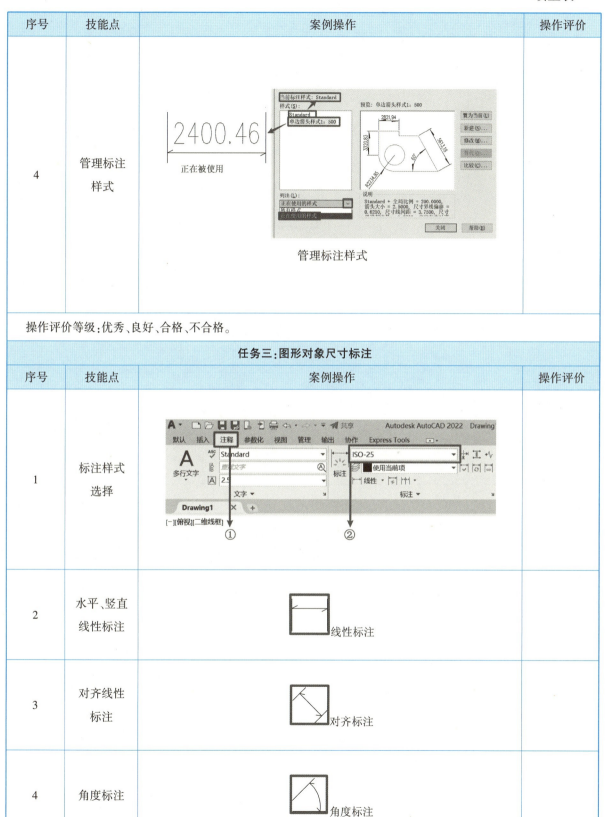 管理标注样式	

操作评价等级：优秀、良好、合格、不合格。

		任务三：图形对象尺寸标注		
序号	技能点	案例操作		操作评价
1	标注样式选择			
2	水平、竖直线性标注	线性标注		
3	对齐线性标注	对齐标注		
4	角度标注	角度标注		

续上表

序号	技能点	案例操作	操作评价
5	弧长标注	弧度标注	
6	半径标注	半径标注	
7	直径标注	直径标注	
8	DIM 标注	标注	
9	连续标注	连续标注	
10	基线标注	基线标注	
11	快速标注	快速标注	

操作评价等级：优秀、良好、合格、不合格。

拓 展 测 评

要求：

(1) 在老师的指导下，能够理解下图的组成结构，并能够用所学技能绘制出如图7所示的交叉路口竖向设计图。

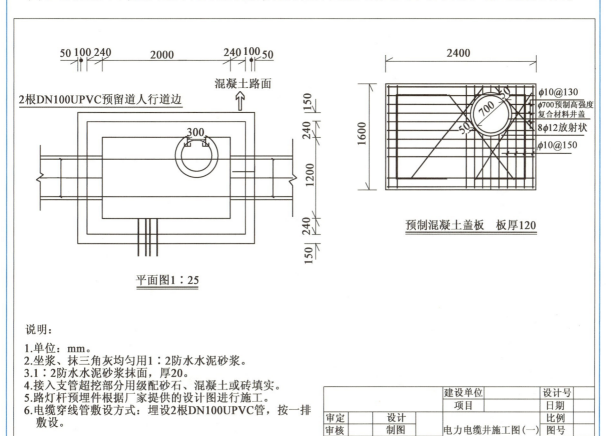

图 7

(2) 结合本项目所学的知识和网上资料收集，归纳出该图涉及本项目的知识内容，你是否已经掌握这些知识？

任务：归纳出案例涉及本项目学习的知识内容。

项目二　公路工程图绘制基础命令

任务一　挡土墙投影图绘制

素质目标:培养学生仔细严谨、认真负责的职业素养。
知识目标:掌握投影规律,分析图形。
能力目标:能绘制简单二维图形的实体图。

问题引导

综合运用 AutoCAD 命令完成扶壁式挡土墙三面投影图的绘制,如图 2-2-1-1 所示。

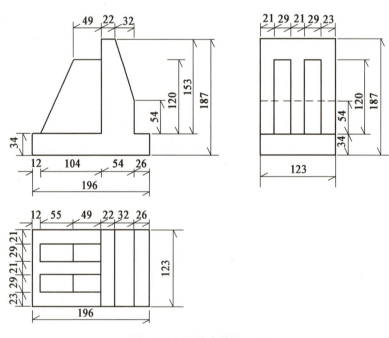

图 2-2-1-1(尺寸单位:cm)

何谓挡土墙？

挡土墙是指支承路基填土或山坡土体、防止填土或土体变形失稳的构造物。图 2-2-1-2a) 为扶壁式挡土墙的工程照片，图 2-2-1-2b) 为其轴测投影图。

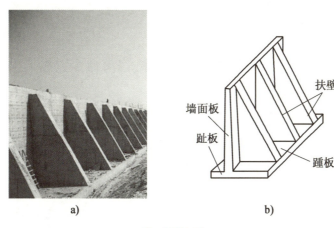

图 2-2-1-2

任务实施

组合体的形状多种多样，但从形体的角度分析，任何复杂的组合体都可以分解为若干个基本体，再分析每个基本体的形状结构、相对位置以及基本体之间的组合方式，便可方便地分析出组合体。这种分析组合体的方法称为形体分析法。

对图 2-2-1-1 所示扶壁式挡土墙进行形体分析：①挡土墙由哪些简单的基本体构成？②各基本体之间是按何种形式组合的？③它们各自投影的相对位置关系如何？绘制如上图形需要用到哪些绘图或编辑命令？

一、绘制挡土墙平面（H 面）投影图

挡土墙平面投影图如图 2-2-1-3 所示。

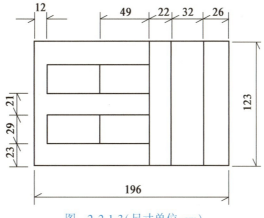

图 2-2-1-3（尺寸单位：cm）

绘图思路：

步骤一：绘制底板水平投影，即最大矩形 196×123。

步骤二：绘制前墙，将矩形右宽向左依次偏移 26、32、22 或复制 26、58、80。

步骤三：绘制扶壁的水平投影，可用矩形命令或直线命令或经过复制剪切多余线段。

(一) 方法一：使用直线命令、复制命令或偏移、修剪命令完成

1. 绘制底板、前墙的水平投影

命令执行过程如下：

命令：_line

指定第一个点：

指定下一点或 [放弃(U)]：123　　　　　　　　　　//正交开，鼠标垂直拉向下方

指定下一点或 [放弃(U)]：196　　　　　　　　　　//正交开，鼠标垂直拉向右方

指定下一点或 [闭合(C)/放弃(U)]：123　　　　　　//正交开，鼠标垂直拉向上方

指定下一点或 [闭合(C)/放弃(U)]：c　　　　　　　//正交开，鼠标垂直拉向左方

命令：_copy

选择对象：找到 1 个　　　　　　　　　　　　　　//拾取矩形右宽

选择对象：　　　　　　　　　　　　　　　　　　//左手敲击空格键

当前设置：　　　　　　　　　　　　　　　　　　复制模式 = 多个

指定基点或 [位移(D)/模式(O)] 〈位移〉：　　　　　//捕捉开，捕捉到右宽顶点

指定第二个点或 [阵列(A)] 〈使用第一个点作为位移〉：26

　　　　　　　　　　　　　　　　　　　　　　　//正交开，鼠标水平拉向左方，键盘输入26

指定第二个点或 [阵列(A)/退出(E)/放弃(U)] 〈退出〉：58　　//光标拉向左侧

指定第二个点或 [阵列(A)/退出(E)/放弃(U)] 〈退出〉：80

指定第二个点或 [阵列(A)/退出(E)/放弃(U)] 〈退出〉：

绘制过程如图 2-2-1-4a)、b) 所示。

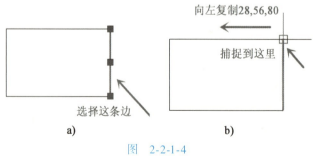

图 2-2-1-4

2.偏移命令绘制前墙、扶壁水平投影

①工具面板激活,如图2-2-1-5所示。

图 2-2-1-5

②在命令行中输入OFFSET(或者O)来执行该命令,如图2-2-1-6所示。

图 2-2-1-6

💡 小提示:命令的输入,一定要将输入模式改为英文哦,不支持中文命令输入。

偏移命令执行过程如图2-2-1-7a)、b)所示。

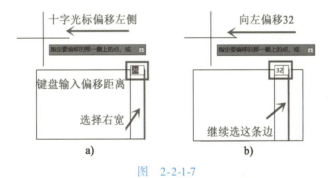

图 2-2-1-7

直线命令配合上述复制或偏移命令,作图结果如图2-2-1-8a)、b)所示。

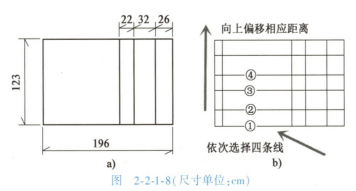

图 2-2-1-8(尺寸单位:cm)

3. 修剪命令

修剪命令可以将选定的直线、射线、圆弧等对象在指定边界一侧的部分剪切掉。选择"修改"中的"修剪"命令,或单击"修剪"按钮,或在命令行中输入 TRIM(或 TR)来执行该命令,如图 2-2-1-9 所示。

图 2-2-1-9

执行修剪命令过程如下:

命令:_trim
当前设置:投影=UCS,边=无,模式=快速
选择要修剪的对象,或按住 Shift 键选择要延伸的对象或
[剪切边(T)/窗交(C)/模式(O)/投影(P)/删除(R)]:   //点击左键——选择修剪的线

结果如图 2-2-1-10 所示。

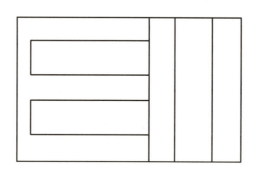

图 2-2-1-10

用同样的方法最后完成作图。

4. 视频演示

用手机扫描封面二维码,查看资源 2-2-1-1,动态演示更直观。

(二)方法二:挡土墙外轮廓线也可采用矩形命令、分解命令再配合上述偏移、修剪命令完成绘制

1. 矩形命令的使用

用矩形命令绘制挡土墙平面图外轮廓的步骤如下:

①单击"矩形"按钮,如图 2-2-1-11 所示。

图 2-2-1-11

②在命令行中输入 RECTANG(或 REC)来执行矩形命令,如图 2-2-1-12 所示。

图 2-2-1-12

命令操作过程如图 2-2-1-13 所示。

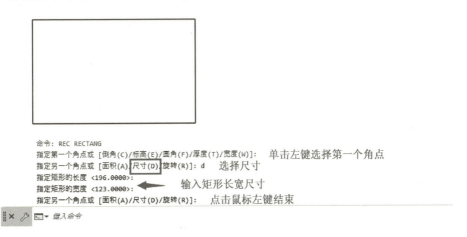

图 2-2-1-13

执行命令如下：

命令：_rec
RECTANG
指定第一个角点或［倒角（C）/标高（E）/圆角（F）/厚度（T）/宽度（W）］：
　　　　　　　　　　　　　　　　　　　　　　　　//鼠标左键确定矩形的角点
指定另一个角点或［面积（A）/尺寸（D）/旋转（R）］:d
　　　　　　　　　　　　　　　　　　　// 输入 d 后,才能通过边长确定矩形
指定矩形的长度〈10.0000〉:196
指定矩形的宽度〈10.0000〉:123
指定另一个角点或［面积（A）/尺寸（D）/旋转（R）］：　　　//点击鼠标左键结束

如此绘制的矩形是一个整体,可用光标选择看一下,如图 2-2-1-14 所示。

图　2-2-1-14

2. 矩形命令中的倒角（C）、圆角（F）的应用

图 2-2-1-15a）、b）所示为带有倒角或圆角的矩形,倒角有相应的距离,圆角有连接半径。

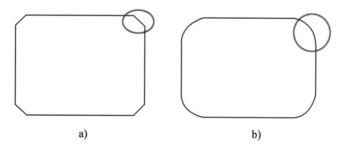

图　2-2-1-15

进入矩形命令后,先输入 C（不区分大小写）,然后确定倒角尺寸。例如,绘制一个倒角距离为(8,8)的倒角矩形,绘制过程如图 2-2-1-16 所示。

用"圆角（F）"绘制圆角矩形。类似于倒角矩形,进入矩形命令后,先输入 F,设置倒圆角的半径,然后再绘制图形。请同学们尝试一下自己绘制圆角半径为 10 的圆角矩形。

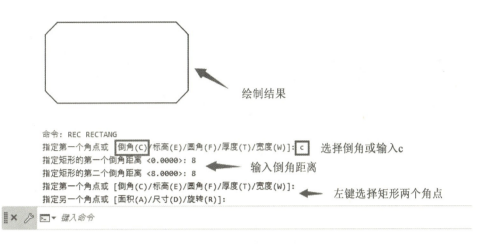

图 2-2-1-16

> 小提示：倒角或圆角设置以后，绘制的矩形就自带倒角或圆角，若希望绘制正常的矩形，则需要将倒角或圆角的距离或半径再次设置为0。

3. 分解命令的应用

"分解"命令用于将一个对象分解为多个单一的对象，主要应用于对整体图形、图块、文字、尺寸标注等对象的分解。

①单击"分解"按钮，如图 2-2-1-17 所示。

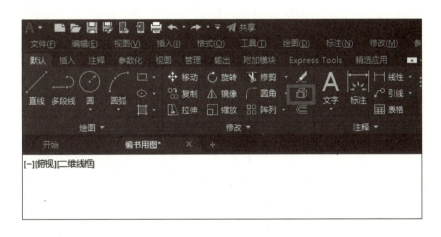

图 2-2-1-17

②在命令行中输入 EXPLODE 来执行该命令。

使用分解命令，将矩形分解为四条单独的直线对象。执行命令如下：

命令：_explode

选择对象：找到 1 个　　　　　　　　　　　　　//选择矩形为分解对象

选择对象：

前述矩形执行分解命令后可单独选择直线，如图 2-2-1-18 所示。

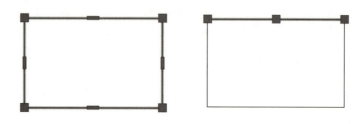

图 2-2-1-18

其余绘制步骤同(一)，不再赘述。

4. 视频演示

用手机扫描封面二维码，查看资源 2-2-1-2，动态演示更直观。

二、绘制挡土墙立面(V面)投影图

挡土墙立面投影图如图 2-2-1-19 所示。

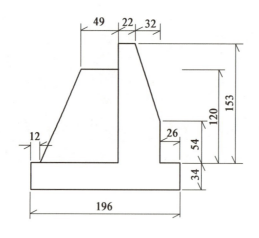

图 2-2-1-19(尺寸单位：cm)

挡土墙立面图主要采用多段线绘制。

1. 多段线命令讲解

多段线可以由等宽或者不等宽的直线或者圆弧组成。由多段线命令绘制的图形被看作一个整体。

选择"绘图"中的"多段线"命令,或者单击"多段线"按钮,或在命令行中输入 PLINE(或者 pl),可以执行该命令。

命令的执行过程为：

> 命令：_pline
> 指定起点：　　　　　　　　//通过坐标方式或者光标拾取方式确定多段线第一点
> 当前线宽为 0.0000　　　//系统提示当前线宽,第 1 次使用显示默认线宽 0,多次使用显示上一次线宽
> 指定下一个点或[圆弧(A)/半宽(H)/长度(L)/放弃(U)/宽度(W)]：
> 指定下一点或[圆弧(A)/闭合(C)/半宽(H)/长度(L)/放弃(U)/宽度(W)]：

例：利用多段线命令,绘制图 2-2-1-20 的两种箭头。

a)　　　　　　　　　　b)

图　2-2-1-20

绘制图 2-2-1-20a)的命令执行过程如图 2-2-1-21 所示。

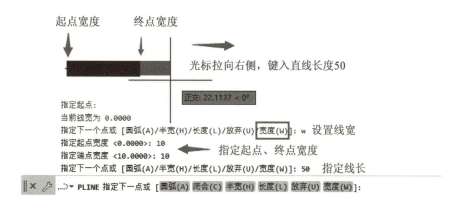

图　2-2-1-21

继续绘制箭头,操作如图 2-2-1-22 所示。

用手机扫描封面二维码,查看资源 2-2-1-3,动态演示更直观。

绘制图 2-2-1-20b)的命令执行过程如图 2-2-1-23 所示。

继续选择线宽,指定起始、终点宽度值,得到如下结果,如图 2-2-1-24 所示。

此处线宽有变化

```
指定端点宽度 <10.0000>:
指定下一个点或 [圆弧(A)/半宽(H)/长度(L)/放弃(U)/宽度(W)]: 50
指定下一点或 [圆弧(A)/闭合(C)/半宽(H)/长度(L)/放弃(U)/宽度(W)]: w    再次选择线宽
指定起点宽度 <10.0000>: 30
指定端点宽度 <30.0000>: 0    ← 指定起点、终点线宽
指定下一点或 [圆弧(A)/闭合(C)/半宽(H)/长度(L)/放弃(U)/宽度(W)]: 30    设置箭头长度
指定下一点或 [圆弧(A)/闭合(C)/半宽(H)/长度(L)/放弃(U)/宽度(W)]:
```

图　2-2-1-22

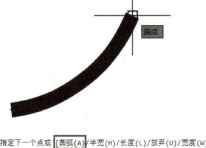

```
指定下一个点或 [圆弧(A)/半宽(H)/长度(L)/放弃(U)/宽度(W)]: a    选择圆弧
指定圆弧的端点(按住 Ctrl 键以切换方向)或
[角度(A)/圆心(CE)/方向(D)/半宽(H)/直线(L)/半径(R)/第二个点(S)/放弃(U)/宽度(W)]: w    调整线宽
指定起点宽度 <10.0000>: 10    ← 设定起点、终点线宽
指定端点宽度 <10.0000>: 10
指定圆弧的端点(按住 Ctrl 键以切换方向)或
[角度(A)/圆心(CE)/方向(D)/半宽(H)/直线(L)/半径(R)/第二个点(S)/放弃(U)/宽度(W)]: a    选择角度
指定夹角: 60    ← 设定圆弧圆心角为60°
指定圆弧的端点(按住 Ctrl 键以切换方向)或 [圆心(CE)/半径(R)]:
指定圆弧的端点(按住 Ctrl 键以切换方向)或
```

图　2-2-1-23

此处线宽有变化

```
指定圆弧的端点(按住 Ctrl 键以切换方向)或
[角度(A)/圆心(CE)/闭合(CL)/方向(D)/半宽(H)/直线(L)/半径(R)/第二个点(S)/放弃(U)/宽度(W)]: w    调整曲线宽度
指定起点宽度 <10.0000>: 30    设定曲线起点、端点宽度
指定端点宽度 <30.0000>: 0
指定圆弧的端点(按住 Ctrl 键以切换方向)或
[角度(A)/圆心(CE)/闭合(CL)/方向(D)/半宽(H)/直线(L)/半径(R)/第二个点(S)/放弃(U)/宽度(W)]:
指定圆弧的端点(按住 Ctrl 键以切换方向)或
[角度(A)/圆心(CE)/闭合(CL)/方向(D)/半宽(H)/直线(L)/半径(R)/第二个点(S)/放弃(U)/宽度(W)]:
自动保存到 C:\Users\DELL\AppData\Local\Temp\Drawing1_1_29790_6d4b8728.sv$ ...
命令:
```

图　2-2-1-24

用手机扫描封面二维码,查看资源 2-2-1-4,动态演示更直观。

2.多段线的编辑 Pedit

编辑多段线命令是针对用多段线命令 PLINE 画出的多段线的专门编辑命令。

(1)依次打开"修改""对象""多段线选项",如图 2-2-1-25 所示。

图 2-2-1-25

(2)命令行:输入 pedit 或快捷键 PE。

(3)修改选项卡中多段线修改图标按钮,如图 2-2-1-26 所示。

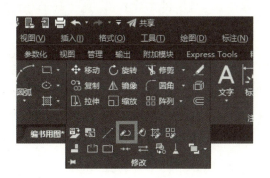

图 2-2-1-26

小提示:调用多段线合并时,如果选择的不是多段线,则将提示是否转化为多段线,同时欲连接的各相邻对象必须在形式上彼此已经首尾相连,否则将提示 0 条线段已添加到多段线。

3. 挡土墙立面投影图的绘制(图 2-2-1-27)

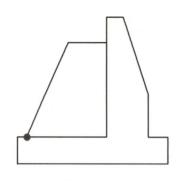

图 2-2-1-27

可用多段线命令,执行命令如下:

命令：_pline
指定起点：　　　　　　　　　　　　　　　　　　　// 图 2-2-1-27 中圆点处
当前线宽为 0.0000
指定下一个点或 [圆弧(A)/半宽(H)/长度(L)/放弃(U)/宽度(W)]：12
指定下一点或 [圆弧(A)/闭合(C)/半宽(H)/长度(L)/放弃(U)/宽度(W)]：34
指定下一点或 [圆弧(A)/闭合(C)/半宽(H)/长度(L)/放弃(U)/宽度(W)]：196
指定下一点或 [圆弧(A)/闭合(C)/半宽(H)/长度(L)/放弃(U)/宽度(W)]：34
指定下一点或 [圆弧(A)/闭合(C)/半宽(H)/长度(L)/放弃(U)/宽度(W)]：26
指定下一点或 [圆弧(A)/闭合(C)/半宽(H)/长度(L)/放弃(U)/宽度(W)]：54
指定下一点或 [圆弧(A)/闭合(C)/半宽(H)/长度(L)/放弃(U)/宽度(W)]：
指定下一点或 [圆弧(A)/闭合(C)/半宽(H)/长度(L)/放弃(U)/宽度(W)]：@ -32,99
指定下一点或 [圆弧(A)/闭合(C)/半宽(H)/长度(L)/放弃(U)/宽度(W)]：22
指定下一点或 [圆弧(A)/闭合(C)/半宽(H)/长度(L)/放弃(U)/宽度(W)]：153
指定下一点或 [圆弧(A)/闭合(C)/半宽(H)/长度(L)/放弃(U)/宽度(W)]：
指定下一点或 [圆弧(A)/闭合(C)/半宽(H)/长度(L)/放弃(U)/宽度(W)]：
指定下一点或 [圆弧(A)/闭合(C)/半宽(H)/长度(L)/放弃(U)/宽度(W)]：@55,120
指定下一点或 [圆弧(A)/闭合(C)/半宽(H)/长度(L)/放弃(U)/宽度(W)]：
　　　　　　　　　　　　　　　　　　　　　　　　　　　　　　//捕捉垂足点
指定下一点或 [圆弧(A)/闭合(C)/半宽(H)/长度(L)/放弃(U)/宽度(W)]：

4.视频演示

用手机扫描封面二维码,查看资源2-2-1-5,动态演示更直观。

三、绘制挡土墙侧立面(W面)投影图

挡土墙侧立面投影图依据投影规律"宽相等、高平齐"可知其尺寸,绘制过程略。
用手机扫描封面二维码,查看资源2-2-1-6,动态演示更直观。

任务验收

 对本节任务的学习情况评价一下吧!

任务评价指标					
内容		效果			
自评	挡土墙投影图阅读	熟练掌握 □	理解 □	一般 □	尚未掌握 □
	多段线命令	熟练掌握 □	理解 □	一般 □	尚未掌握 □
	复制命令	熟练掌握 □	理解 □	一般 □	尚未掌握 □
	偏移命令	熟练掌握 □	理解 □	一般 □	尚未掌握 □
	修剪命令	熟练掌握 □	理解 □	一般 □	尚未掌握 □
互评	绘图技能	掌握 □		一般 □	未掌握 □
	帮助同学	意愿高 □		一般 □	不愿意 □
教师评价	学习态度	认真 □		一般 □	不认真 □
	绘图习惯	单手操作 □			双手配合 □
	掌握程度	优秀:当堂完成绘图任务,图形美观,准确率100% □ 良好:当堂完成绘图任务,准确率80%到100% □ 一般:当堂完成绘图任务,准确率80%以下 □ 较差:当堂完成部分图形,准确率50%以下 □			

知识巩固与提升

(1)绘制如图 2-2-1-28 所示的板梁。

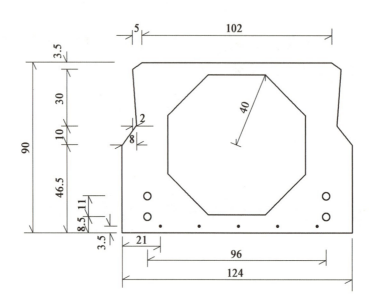

图 2-2-1-28(尺寸单位:cm)

💡 小提示:预应力板梁断面的钢绞线孔道圆半径为 2cm,纵向普通钢筋断面可用圆环命令 do 来绘制,外径 1.2cm。

(2)利用多段线命令,绘制坡度箭头,如图 2-2-1-29 所示。

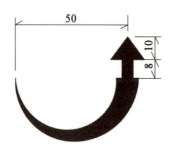

图 2-2-1-29(尺寸单位:mm)

(3)绘制组合体三视图,如图 2-2-1-30 所示。

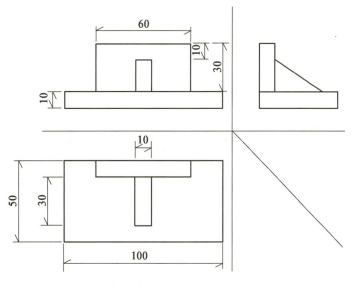

图 2-2-1-30(尺寸单位:mm)

课后反思

任务二 平面交叉口的绘制

素质目标:培养学生仔细严谨、认真负责的职业素养。
知识目标:分析平面交叉口图形,确认各部分组成及连接情况。
能力目标:能绘制简单二维图形的实体图。

问题引导

绘制城市道路中环形平面交叉口,如图 2-2-2-1 所示,掌握直线命令、偏移命令、圆命令、正多边形命令、圆弧命令、倒圆角命令、旋转命令等。

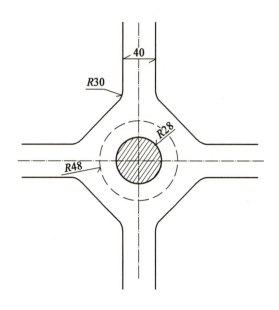

图 2-2-2-1(尺寸单位:m)

任务实施

思考,图 2-2-2-1 所示的城市道路环形交叉路口,交叉主路的路中线是选用何种线型绘制的?环形交叉口三个同心圆半径为多少?菱形与最外圆是何种位置关系(外切、内接)?连接弧半径是多少?由此得出绘图思路:

(1)绘制对称轴线,各偏移主路宽度一半;
(2)绘制三个同心圆;
(3)用多边形命令绘制外切圆的正四边形;
(4)用圆角、修剪等命令绘制转弯处。

绘图步骤:

(1)首先用直线命令绘制两条相互垂直的直线,这两条直线是道路的中心线。

 小提示:需要打开正交设置,如图 2-2-2-2 所示。

(2)使用偏移命令,将上面直线分别向上、下、左、右偏移 20 的距离,绘制出道路轮廓线。

(3)修改线型、颜色、线宽,将中心线颜色设置为红色,线型设置为点划线,如图 2-2-2-3 所示。

图 2-2-2-2

> 小提示:若找不到所需线型,可点击"其他…",再点击加载(L),选择所需线型。

(4)道路轮廓线为实线,线宽设置为0.30mm。绘制结果如图2-2-2-4所示。

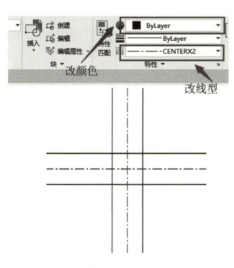

图 2-2-2-3   图 2-2-2-4

执行命令如下:

命令:_line 指定第一点:

指定下一点或 [放弃(U)]:500

指定下一点或 [放弃(U)]:

命令:_line 指定第一点:

指定下一点或 [放弃(U)]:500

指定下一点或 [放弃(U)]:

> 命令:OFFSET
> 当前设置:删除源=否　图层=源　OFFSETGAPTYPE=0
> 指定偏移距离或 [通过(T)/删除(E)/图层(L)]〈通过〉:20   //　　设置偏移距离
> 选择要偏移的对象,或 [退出(E)/放弃(U)]〈退出〉:
> 指定要偏移的那一侧上的点,或 [退出(E)/多个(M)/放弃(U)]〈退出〉:
> 　　　　　　　　　　　　　　　　　　　　　　　　　　//向中心线两边偏移

（5）使用"圆"命令,绘制半径为28、48、68的三个同心圆,圆心捕捉到路中心线(红色点划线)交叉处,如图2-2-2-5所示。

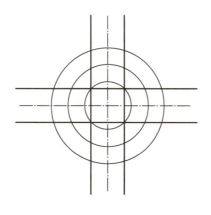

图　2-2-2-5

（6）绘制最外大圆的外切四边形,使用多边形命令,如图2-2-2-6所示。

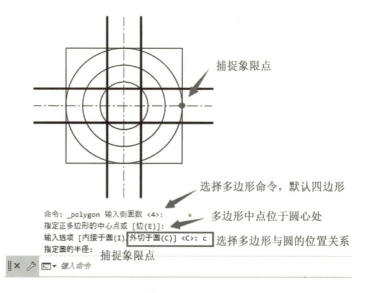

图　2-2-2-6

小提示:捕捉的开关和打开正交的方式一样,如图 2-2-2-7 所示,按照绘图需要自行选择。

图 2-2-2-7

执行命令如下:

命令:CIRCLE 指定圆的圆心或 [三点(3P)/两点(2P)/相切、相切、半径(T)]:
　　　　　　　　　　　　　　　　　　　　　　　　　　　//中心线交点为圆心
指定圆的半径或 [直径(D)]:28

命令:_offset
当前设置:删除源=否　图层=源　OFFSETGAPTYPE=0
指定偏移距离或 [通过(T)/删除(E)/图层(L)]〈25.0000〉: 20
选择要偏移的对象,或 [退出(E)/放弃(U)]〈退出〉:　　　　　　　//向外偏移
指定要偏移的那一侧上的点,或 [退出(E)/多个(M)/放弃(U)]〈退出〉:
选择要偏移的对象,或 [退出(E)/放弃(U)]〈退出〉:
　　　　　　　　　　　　　　　　　　　　//选择第二个圆,继续向外偏移
指定要偏移的那一侧上的点,或 [退出(E)/多个(M)/放弃(U)]〈退出〉:
选择要偏移的对象,或 [退出(E)/放弃(U)]〈退出〉:

> 命令:_polygon 输入边的数目〈4〉:
> 指定正多边形的中心点或［边(E)］:
> 输入选项［内接于圆(I)/外切于圆(C)］〈I〉: c
> 指定圆的半径: 70

(7)使用旋转命令旋转四边形。

旋转命令可以改变对象的方向,并按指定的基点和角度定位新的方向。

①单击"旋转"按钮,如图2-2-2-8所示。

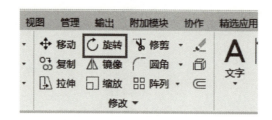

图 2-2-2-8

②命令行中输入ROTATE(或者RO)来执行该命令,如图2-2-2-9所示。

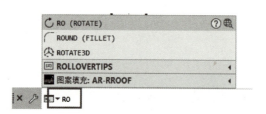

图 2-2-2-9

命令执行过程、绘制结果如图2-2-2-10所示。

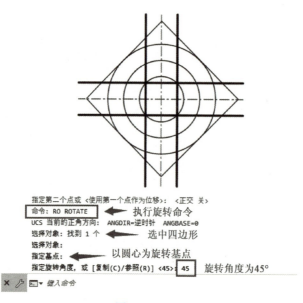

图 2-2-2-10

小提示:旋转角度有正负之分。若为正值,则沿逆时针方向旋转对象;若为负值,则沿顺时针方向旋转对象。

命令执行:

命令:_ro
ROTATE
UCS 当前的正角方向: ANGDIR = 逆时针　ANGBASE = 0
选择对象:找到 1 个　　　　　　　　　　　　　　//选择正方形为旋转对象
指定基点:　　　　　　　　　　　　　　　　　　//指定圆心为几点
指定旋转角度,或 [复制(C)/参照(R)]〈0〉: 45　　//指定旋转角度

(8)使用修剪、删除命令去除多余线段,结果如图 2-2-2-11 所示。

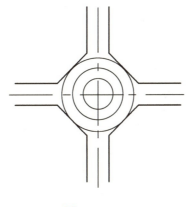

图　2-2-2-11

(9)使用圆角命令完成路线转弯。

①单击"圆角"按钮,如图 2-2-2-12 所示。

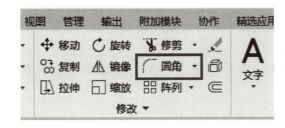

图　2-2-2-12

②在命令行中输入 FILLET 来执行"圆角"命令。

③激活圆角命令后,先设定半径参数,再依次选圆角的两边,即可完成圆角操作。执行过程如图 2-2-2-13 所示。

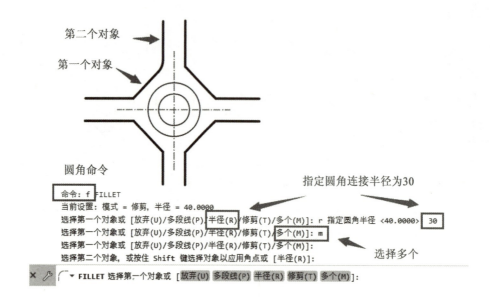

图 2-2-2-13

设置圆角半径为 30 后,绘制结果如图 2-2-2-14 所示。

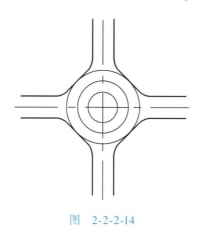

图 2-2-2-14

④使用图案填充命令,填充中心环岛,完成平交道路的绘制,过程略。

(10)视频演示。

用手机扫描封面二维码,查看资源 2-2-2-1,动态演示更直观。

任务验收

通过本任务的实施,学会分析图形,对基本绘图命令和编辑命令有一定掌握。

对本节任务的学习情况评价一下吧！

任务评价指标					
内容		效果			
自评	平面环岛图形分析	熟练掌握 □	理解 □	一般 □	尚未掌握 □
	圆命令	熟练掌握 □	理解 □	一般 □	尚未掌握 □
	多边形命令	熟练掌握 □	理解 □	一般 □	尚未掌握 □
	颜色、线型、线宽修改	熟练掌握 □	理解 □	一般 □	尚未掌握 □
	图案填充命令	熟练掌握 □	理解 □	一般 □	尚未掌握 □
互评	绘图技能	掌握 □		一般 □	未掌握 □
	帮助同学	愿意 □		一般 □	不愿意 □
教师评价	学习态度	认真 □		一般 □	不认真 □
	绘图习惯	单手操作 □		双手配合 □	
	掌握程度	优秀：当堂完成绘图任务，图形美观，准确率100% □ 良好：当堂完成绘图任务，准确率80%到100% □ 一般：当堂完成绘图任务，准确率80%以下 □ 较差：当堂完成部分图形，准确率50%以下 □			

知识巩固与提升

（1）绘制立交桥，如图 2-2-2-15 所示。

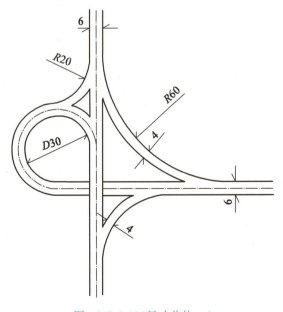

图 2-2-2-15（尺寸单位：m）

(2) 绘制桥台八字翼墙，如图 2-2-2-16 所示。

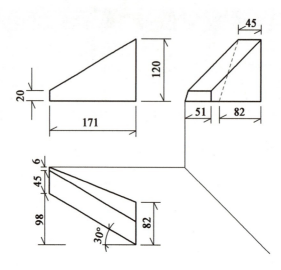

图 2-2-2-16（尺寸单位：cm）

课 后 反 思

任务三　涵洞一字墙洞口的三面投影图绘制

素质目标：培养学生仔细严谨、认真负责的职业素养。
知识目标：分析涵洞一字墙洞口图形，确认各部分组成及连接情况。
能力目标：能绘制简单二维图形的实体图。

问题引导

如图 2-2-3-1 所示为涵洞一字墙洞口的三面投影图,试绘制此图。本任务将练习图层的设置、图层的属性、倒角命令。

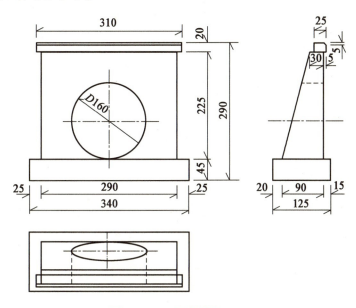

图 2-2-3-1(尺寸单位:cm)

任务实施

1. 图层的基本概念

AutoCAD 使用图层来管理和控制复杂的图形。在绘图中,可以将不同种类和用途的图形分别置于不同的图层,从而实现对相同种类图形的统一管理。

形象地说,一个图层就像一张透明图纸,可以在不同的透明图纸上面分别绘制不同的实体,最后再将这些透明图纸叠加起来,从而得到最终复杂图形。在屏幕上看到的图形,实际上是若干层图形叠加的结果,如图 2-2-3-2 所示。

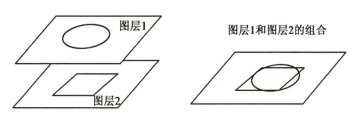

图 2-2-3-2

建立图层的优点:

①节省存储空间。

②控制图形的颜色、线条宽度、线型等属性。

③统一控制同类图形的显示、冻结等特性。

AutoCAD 允许建立无限多个图层,可以根据需要建立图层,并且为每个图层指定相应的名称、线型、颜色。熟练应用图层可大大提高工作效率和图形的清晰度,在复杂的图形中尤其明显。

2. 图层的设置与管理

(1)图层的建立与更改图层的操作。

命令调用方式:

①命令行:Layer。

②命令快捷键:LA。

③菜单命令:"格式"中选择"图层"。

④工具栏:单击"图层"工具栏上的按钮。

打开图层特性管理器,创建新的图层,如图 2-2-3-3 所示。

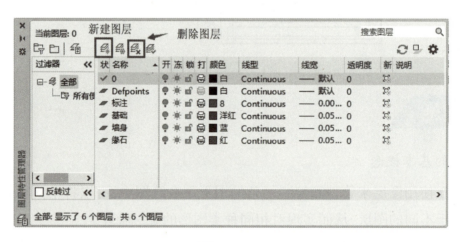

图 2-2-3-3

可以利用鼠标左键修改图层名称。图层可以新建、冻结、删除,也可以将选定的图层置为当前。

使用图层应掌握几个概念:

①0 层。每当 AutoCAD 开始绘制一幅新图时,系统都要自动建立一个层,该层面始终为"0",故称为 0 层。用户不能修改 0 层的层名,也不能删除该层,但可以重新设置它的颜色和线型,0 层的缺省颜色为白色,缺省线型为连续实线。

②Defpoints 层。和 0 层一样,Defpoints 是由 AutoCAD 自动生成的一个图层,而且有比较特别的特性。只要创建过标注,AutoCAD 就会自动创建 Defpoints 图层,此图层用于放置标注的定义点。Defpoints 的特殊性在于此图层默认被设置为不打印,而且在图层管理

器中无法改变这个设置,如果将图形不慎放到这个图层上,打印时这些图形肯定会消失,这点需要注意。

③当前层。在一幅图纸的众多层里,用户只能在其中一个层上绘图,该层便被称为当前层。也就是说,只能选择一个层作为当前层,用户绘制的图形都是在当前层上,用户可以将已建立的任意一个层设置为当前层。

(2)视频演示。

用手机扫描封面二维码,查看资源 2-2-3-1～2-2-3-4,动态演示更直观。

3. AutoCAD 基本操作练习

①如何设置图层和使用属性?

②如何运用构造线满足投影规律长对正、高平齐、宽相等?

③如何绘制椭圆?

分析该涵洞一字墙洞口的组成以及各部分的形状,各部分之间应满足长对正、高平齐、宽相等。(长方体基础 340cm×125cm×45cm,墙身为上底 30cm、下底 90cm、长 290cm 的四棱柱,在长边的中间切去一个半径为 80cm 的圆孔,缘石尺寸为 25cm×20cm×310cm,并在前上方切去一个倒角 5cm×5cm。)

操作步骤:

(1)设置图层,点击 按钮,或命令行键入命令 Layer,如图 2-2-3-4 所示。

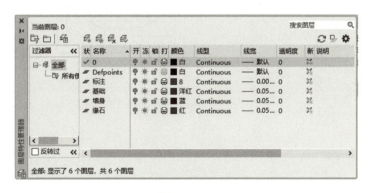

图 2-2-3-4

创建新图层:单击图层名,输入用户需要的名称后,按 Enter 键,便完成图层的更名操作。图层创建后,也可在任何时候更改图层的名称。

新图层的默认特性为白色、Continuous 线型、缺省线宽。用户可以接受这些默认值,也可以设置为其他值。

小提示:①图层名称没有大小写字母之分,中文、英文均可。②在当前图形文件中,图层名称必须是唯一的,不能和其他任何图层重名。

(2)基础层置为当前图层,并绘制基础 V 面投影矩形,以及用构造线绘制 H、W 面投影。基础的绘制如图 2-2-3-5 所示。

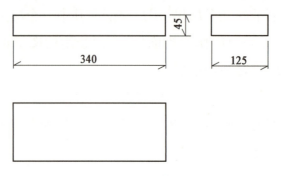

图 2-2-3-5(尺寸单位:cm)

(3)绘制墙身,图 2-2-3-6a)为墙身投影图,图 2-2-3-6b)为墙身与基础的组合。

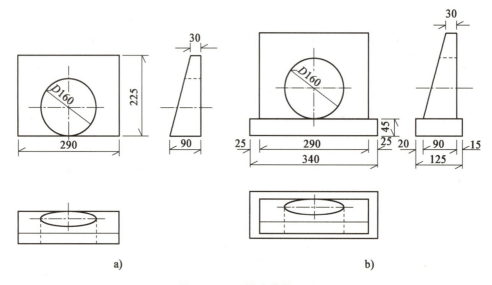

图 2-2-3-6(尺寸单位:cm)

操作提示:

命令:_pline
当前线宽为 0.0000
指定下一个点或 [圆弧(A)/半宽(H)/长度(L)/放弃(U)/宽度(W)]:90
指定下一点或 [圆弧(A)/闭合(C)/半宽(H)/长度(L)/放弃(U)/宽度(W)]:225
指定下一点或 [圆弧(A)/闭合(C)/半宽(H)/长度(L)/放弃(U)/宽度(W)]:30
指定下一点或 [圆弧(A)/闭合(C)/半宽(H)/长度(L)/放弃(U)/宽度(W)]:c

此处任意定点绘制墙身侧面投影,然后用移动命令完成定位墙身侧面投影的位置,也可以直接在基础上定位绘制墙身侧面投影。

利用构造线命令,绘制墙身其他面投影。墙身 V 面投影的圆的绘制如下:

指定圆的圆心或［三点(3P)/两点(2P)/切点、切点、半径(T)］：from

基点： //墙身底边中点为基点

需要点或选项关键字。

基点：<偏移>：80 //待对象追踪虚线出现后,垂直向上键入80

指定圆的半径或［直径(D)］<80.0000>： //捕捉底边中点或键入半径80

H面的椭圆的绘制(图2-2-3-7)如下：

命令：_ellipse

指定椭圆的轴端点或［圆弧(A)/中心点(C)］：C

指定椭圆的中心点：

指定轴的端点：

指定另一条半轴长度或［旋转(R)］：

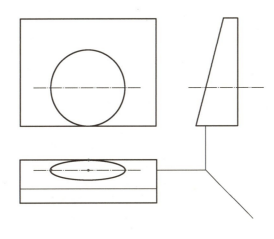

图 2-2-3-7

(4)绘制缘石,如图2-2-3-8所示。

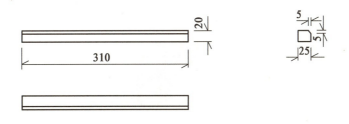

图 2-2-3-8(尺寸单位:cm)

任务验收

✎ 对本节任务的学习情况评价一下吧!

任务评价指标					
内容		效果			
自评	涵洞一字墙洞口形体分析	熟练掌握 □	理解 □	一般 □	尚未掌握 □
	矩形命令	熟练掌握 □	理解 □	一般 □	尚未掌握 □
	椭圆命令	熟练掌握 □	理解 □	一般 □	尚未掌握 □
	构造线	熟练掌握 □	理解 □	一般 □	尚未掌握 □
	图层设置、属性	熟练掌握 □	理解 □	一般 □	尚未掌握 □
互评	绘图技能	掌握 □		一般 □	未掌握 □
	帮助同学	意愿高 □		一般 □	不愿意 □
教师评价	学习态度	认真 □		一般 □	不认真 □
	绘图习惯	单手操作 □		双手配合 □	
	掌握程度	优秀:当堂完成绘图任务,图形美观,准确率100% □ 良好:当堂完成绘图任务,准确率80%~100% □ 一般:当堂完成绘图任务,准确率80%以下 □ 较差:当堂完成部分图形,准确率50%以下 □			

知识巩固与提升

(1)绘制图 2-2-3-9。

图 2-2-3-9

(2)绘制图 2-2-3-10。

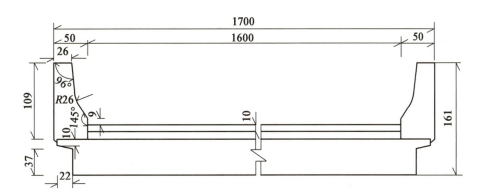

图 2-2-3-10(尺寸单位:cm)

(3)绘制图 2-2-3-11。

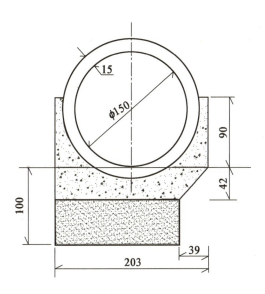

图 2-2-3-11(尺寸单位:cm)

课 后 反 思

任务四　人行道板铺砌平面图的绘制

素质目标：培养学生仔细严谨、认真负责的职业素养。
知识目标：分析人行道板铺砌平面图,确认各部分之间的位置关系。
能力目标：能绘制简单二维图形的实体图。

问题引导

行走于室外经常可见人行道板铺砌,尝试绘制如图2-2-4-1所示的人行道板铺砌。

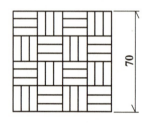

图 2-2-4-1(尺寸单位:cm)

任务实施

观察图形,人行道板是不是有规律的排列对象？它的最小基础单元是什么？可否通过复制或阵列来创建出整体对象？

本任务需要用到直线、矩形、定数等分、陈列、缩放等命令。

1. 方法一

操作步骤：

(1)直线命令"快捷键L",绘制长度为17.5的两条垂直线段,如图2-2-4-2所示。

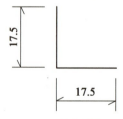

图 2-2-4-2(尺寸单位:mm)

(2)使用定数等分命令将水平线段等分 3 份,定数等分命令的调用方式有三种:
①命令行键入快捷命令 DIV;
② 菜单栏点击绘图→点→定数等分;
③绘图工具面板直接点击命令图标,如图 2-2-4-3 所示。

图 2-2-4-3

小提示:等分后直线上看不到点,是因为默认的点样式不好识别,修改点样式在菜单栏格式→点样式,过程如图 2-2-4-4 所示。

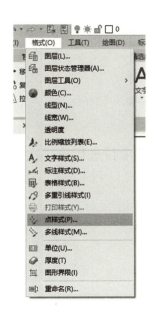
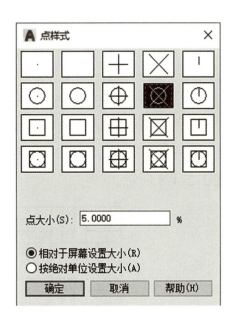

图 2-2-4-4

(3)使用复制命令"快捷键 CO"复制竖直线到等分节点和端点处,如图 2-2-4-5 所示。
(4)以图 2-2-4-5 右下角点为阵列中心点,选择所有项目进行阵列操作,过程如图 2-2-4-6所示,将项目数改为 4,点击关闭阵列,绘图结果如图 2-2-4-7 所示。

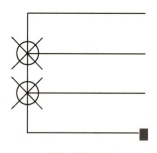

图 2-2-4-5

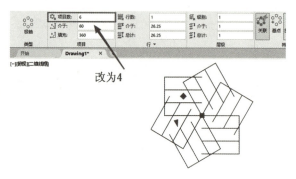

图 2-2-4-6

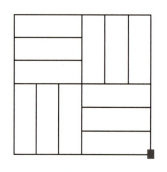

图 2-2-4-7

（5）以右下角点为阵列中心点，将图2-2-4-7所有项目进行第二次阵列，份数为4，绘制过程及结果如图2-2-4-8所示。

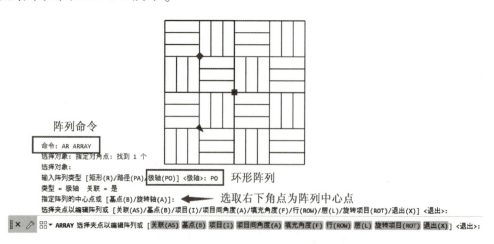

图 2-2-4-8

(6)视频演示。

用手机扫描封面二维码,查看资源2-2-4-1,动态演示更直观。

2.方法二

(1)原图的人行道板只给出总尺寸,没有给出单个尺寸。所以,这里可以自行假设单个人行道板的尺寸为30,如图2-2-4-9所示。

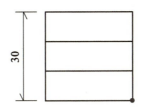

图 2-2-4-9(尺寸单位:mm)

(2)进行两次环形阵列命令,以右下角点为阵列中心点,阵列所有项目,项目数为4,回车,结果如图2-2-4-10所示,此时图形尺寸为120。

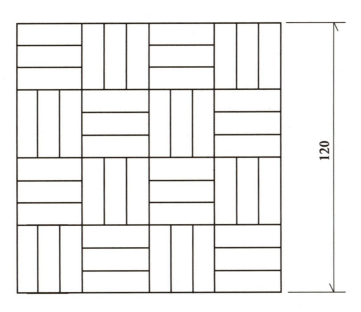

图 2-2-4-10(尺寸单位:mm)

(3)应用缩放命令,"快捷键sc",将尺寸120缩至规定尺寸70。缩放命令的调用有三种方式:

①命令行键入快捷命令sc;

②菜单栏点击修改→缩放;

③修改工具面板直接点击命令图标,如图2-2-4-11所示。

(4)以中心点为缩放基点,参照1点和2点之间的距离为70,将图2-2-4-10所示图形尺寸120缩放为70长度,绘制过程如图2-2-4-12所示。

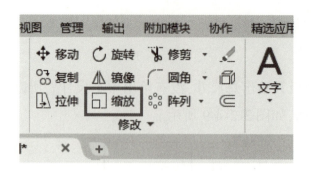

图 2-2-4-11

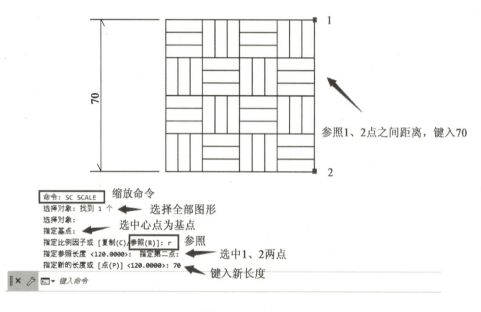

图 2-2-4-12

缩放操作提示：

命令：_scale

选择对象：找到 1 个   //选中图形

选择对象：

指定基点：   //选中图形中心点或角点均可

指定比例因子或 [复制(C)/参照(R)]：r   //选择参照

指定参照长度 <120.0000>： 指定第二点：   //鼠标拾取图形边长两点

指定新的长度或 [点(P)] <120.0000>：70   //输入新长度

(5) 视频演示。

用手机扫描封面二维码，查看资源 2-2-4-2，动态演示更直观。

通过绘制二维图形的实际操作,我们可以体会到图形的绘制不止有一种方法,可以使用简单命令重复操作,也可以使用快捷命令迅速达到绘制结果。采用何种方法与掌握操作的熟练程度息息相关。除了掌握常用的绘图、编辑等命令,读懂图、分析图形各部分之间的相互关系也尤为重要,计算机辅助绘图为我们提供了强有力的技术支撑,提供了一支功能强大的"画笔",但如何使用与操作,最终依赖我们的头脑。

任务验收

 对本节任务的学习情况评价一下吧!

任务评价指标					
内容		效果			
自评	行车道板图形分析	熟练掌握 □	理解 □	一般 □	尚未掌握 □
	点的定数等分	熟练掌握 □	理解 □	一般 □	尚未掌握 □
	点样式修改	熟练掌握 □	理解 □	一般 □	尚未掌握 □
	缩放命令	熟练掌握 □	理解 □	一般 □	尚未掌握 □
	阵列命令	熟练掌握 □	理解 □	一般 □	尚未掌握 □
互评	绘图技能	掌握 □		一般 □	未掌握 □
	帮助同学	愿意 □		一般 □	不愿意 □
教师评价	学习态度	认真 □		一般 □	不认真 □
	绘图习惯	单手操作 □		双手配合 □	
	掌握程度	优秀:当堂完成绘图任务,图形美观,准确率100% □ 良好:当堂完成绘图任务,准确率80%~100% □ 一般:当堂完成绘图任务,准确率80%以下 □ 较差:当堂完成部分图形,准确率50%以下 □			

知识巩固与提升

（1）绘制图 2-2-4-13。

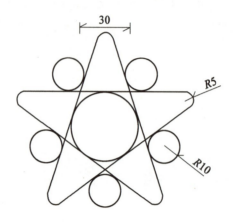

图 2-2-4-13（尺寸单位：mm）

（2）绘制图 2-2-4-14。

（3）绘制图 2-2-4-15。

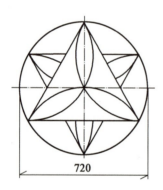

图 2-2-4-14（尺寸单位：mm）

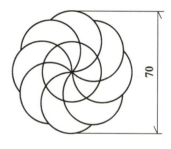

图 2-2-4-15（尺寸单位：mm）

课 后 反 思

项目任务测评

素 养 测 评			
序号	培养目标	素养点	完成情况
1	规范意识	计算机的规范使用	
		绘图过程的规范步骤	
2	团结协作	乐于帮助有问题的同学	
		小组分工协作,共同完成小组任务	
3	学习态度	课前预习完成情况	
		课中学习完成情况	
		课后绘图完成情况	
4	创新意识	按任务要求完成给定样图的绘制	
		结合自身专业绘制出相关样图	
5	精益求精	多次练习查漏补缺	
		准确掌握绘图步骤	
6	劳动精神	禁止带食物进入机房	
		保持机房环境卫生,干净整洁	
7	安全意识	遵守机房管理规章制度	
		离开机房时记得关闭电源	

目标完成情况:已完成的目标栏请打√。

知 识 测 评
要求: 1.熟悉基本体投影; 2.分析组合体的组合形式是叠加式、切割式还是综合式; 3.对复杂工程结构物空间形状有清晰认知。

续上表

任务一：挡土墙投影图绘制					
序号	分解任务	了解	掌握	熟练	等级自评
1	挡土墙形体分析				
2	立面图的绘制				
3	平面图的绘制				
4	构造线的使用				
5	投影规律				

评价等级：优秀、良好、合格、不合格。

(优秀：90 分以上；良好：75 到 90 分；合格：60 到 74 分；不合格：60 分以下)

优秀：清楚理解挡土墙结构体形状主次，先绘制反映特征的立面投影图，严格按照投影关系，熟练操作绘图命令、编辑命令等，图形抄绘正确率100%。

良好：较清楚理解挡土墙形状特征，严格按照投影关系绘制投影图，较为熟练操作绘图命令，抄绘图形正确率80%以上。

合格：基本理解挡土墙形状特征，严格按照投影关系绘制投影图，绘图命令操作熟练程度一般，抄绘图形正确率60%以上。

不合格：不能理解挡土墙形状特征，抄绘图形正确率60%以下。

任务二：平面交叉口的绘制				
序号	任务分解	快捷命令	命令行多个选项操作	等级自评
1	图形分析能力		熟练掌握□　掌握□　一般□	
2	绘制圆、多边形		熟练掌握□　掌握□　一般□	
3	绘制圆角		熟练掌握□　掌握□　一般□	
4	图案填充		熟练掌握□　掌握□　一般□	
5	偏移		熟练掌握□　掌握□　一般□	
6	旋转		熟练掌握□　掌握□　一般□	

评价等级：优秀、良好、合格、不合格。

(优秀：90 分以上；良好：75 到 90 分；合格：60 到 74 分；不合格：60 分以下)

优秀：清楚理解平面交叉口图形，绘图思路清晰，熟练操作绘图命令、编辑命令等，图形抄绘正确率100%。

良好：较清楚理解平面交叉口图形，较为熟练操作绘图命令，抄绘图形正确率80%以上。

合格：基本理解平面交叉口图形，绘图命令操作熟练程度一般，抄绘图形正确率60%以上。

不合格：抄绘图形正确率60%以下。

续上表

任务三:涵洞一字墙洞口的三面投影图绘制			
序号	任务分解	了解	掌握	熟练掌握
1	涵洞一字墙洞口形体分析			
2	设置图层			
3	绘制基础			
4	绘制墙身			
5	绘制缘石			
6	各部分之间的位置关系			

评价等级:优秀、良好、合格、不合格。

(优秀:90分以上;良好:75到90分;合格:60到74分;不合格:60分以下)

优秀:清楚理解涵洞一字墙洞口空间形状特征,能分解出基本体,分别绘制投影图,按投影规律各基本体相对位置关系组合正确,熟练操作绘图命令、编辑命令等,图形抄绘正确率100%。

良好:较清楚理解涵洞一字墙洞口空间形状特征,能分解出基本体,分别绘制投影图,按投影规律各基本体相对位置关系组合正确,较为熟练操作绘图命令,抄绘图形正确率80%以上。

合格:基本理解涵洞一字墙洞口空间形状特征,按照投影关系绘制投影图,绘图命令操作熟练程度一般,抄绘图形正确率60%以上。

不合格:不能理解涵洞一字墙洞口空间形状特征,绘图思路不清晰,抄绘图形正确率60%以下。

任务四:人行道板铺砌平面图的绘制				
序号	任务分解	快捷命令(或路径)	命令行多个选项操作	等级自评
1	图形分析能力		熟练掌握□ 掌握□ 一般□	
2	点的定数等分		熟练掌握□ 掌握□ 一般□	
3	点样式设置		熟练掌握□ 掌握□ 一般□	
4	阵列		熟练掌握□ 掌握□ 一般□	
5	缩放		熟练掌握□ 掌握□ 一般□	

评价等级:优秀、良好、合格、不合格。

(优秀:90分以上;良好:75到90分;合格:60到74分;不合格:60分以下)

优秀:清楚理解人行道板铺砌图形,绘图思路清晰,熟练操作绘图命令、编辑命令等,图形抄绘正确率100%。

良好:较清楚理解人行道板铺砌图形,较为熟练操作绘图命令,抄绘图形正确率80%以上。

合格:基本理解人行道板铺砌图形,绘图命令操作熟练程度一般,抄绘图形正确率60%以上。

不合格:抄绘图形正确率60%以下。

续上表

	技 能 测 评		
	任务一:挡土墙投影图绘制		
序号	技能点	案例操作	操作评价
1	矩形的绘制	方法一:相对坐标输入另一脚点; 方法二:按尺寸输入	
2	构造线的使用	绘制各种角度构造线	
3	多线段的绘制	绘制箭头	
4	偏移、剪切、延伸	修剪　延伸 习题中体现	

操作评价等级:优秀、良好、合格、不合格。

	任务二:平面交叉口的绘制		
序号	技能点	案例操作	操作评价
1	圆的绘制	灌注桩钢筋 使用 2 点、3 点、切点	
2	多边形的绘制	绘制指定边长的五角星	

续上表

序号	技能点	案例操作	操作评价
3	偏移、剪切、复制等命令综合运用	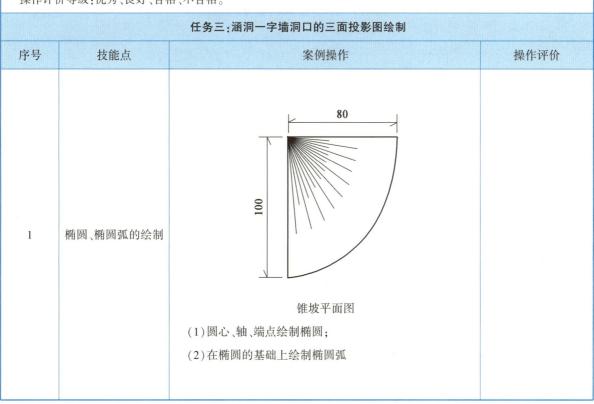 立交桥绘制	

操作评价等级：优秀、良好、合格、不合格。

任务三：涵洞一字墙洞口的三面投影图绘制

序号	技能点	案例操作	操作评价
1	椭圆、椭圆弧的绘制	锥坡平面图 (1) 圆心、轴、端点绘制椭圆； (2) 在椭圆的基础上绘制椭圆弧	

续上表

序号	技能点	案例操作	操作评价
2	图案填充	绘制盖板涵洞身断面图	

操作评价等级:优秀、良好、合格、不合格。

任务四:人行道板铺砌平面图的绘制			
序号	技能点	案例操作	操作评价
1	阵列命令(矩形阵列、环形阵列)	交通标志牌底座加劲法兰盘结构图	

续上表

序号	技能点	案例操作	操作评价
2	缩放命令	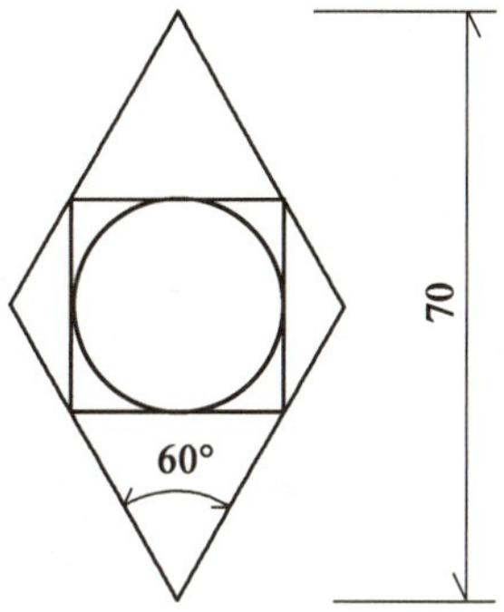 绘制如图所示图形并进行填充	
3	工程应用	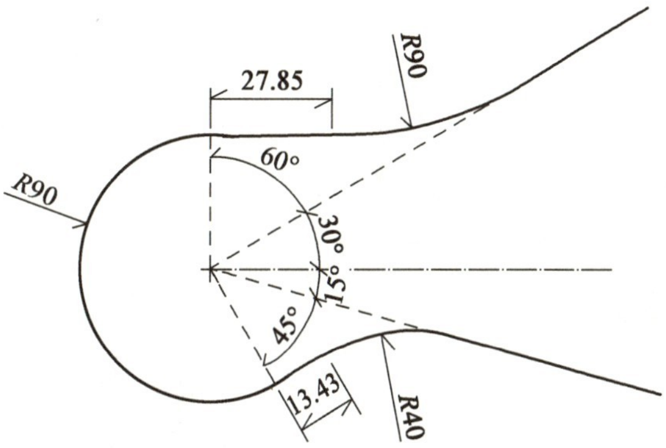 绘制如图所示回头曲线	

操作评价等级:优秀、良好、合格、不合格。

(优秀:90分以上;良好:75到90分;合格:60到74分;不合格:60分以下)

优秀:良好的图形分析能力,思路清晰,熟练应用绘图、编辑命令,绘制图形准确率100%。

良好:较好的图形分析能力,思路较清晰,应用绘图、编辑命令绘制图形准确率80%以上。

合格:思路较清晰,应用绘图、编辑命令绘制图形准确率60%以上。

不合格:应用绘图、编辑命令绘制图形准确率60%以下。

续上表

拓展测评

要求:

(1) 在老师的指导下,能够理解图 8 的组成结构,并能够用所学的二维绘图命令绘制。

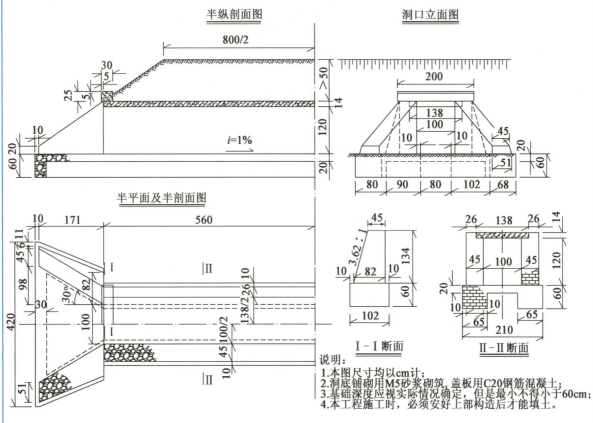

图 8

(2) 结合本项目所学的知识和网上资料收集,归纳出该图涉及本项目的知识内容,你是否已经掌握这些知识?

项目三 工程图打印和输出

任务一 打印机的设置

素质目标:培养学生空间思维和解决实际问题的能力。
知识目标:掌握 AutoCAD 打印的方法和前期设置。
能力目标:能独立打印一副图纸。

问题引导

1. AutoCAD 的图纸是如何普及的?

AutoCAD 刚开始在国内普及是从"甩图板"号召开始的,也就是从原来的手工绘图转成计算机绘图,但计算机画完图,还是要打印到图纸上。

2. AutoCAD 图纸在打印时需要做什么准备工作?

开始画图前我们就要考虑到打印的需要,比如要用多大纸张,打印比例应该设置成多少,打印后的字高、线宽、颜色应该设置成多少。

3. 如何正确打印图形?

根据需求设置好打印机就是本任务学习的知识和技能。

任务实施

AutoCAD 打印的基本操作步骤

1. 打印方式

当绘制完图纸后,便可开始打印,可选择下列方式之一:
(1)手动激活
操作步骤如图 2-3-1-1 所示。

| 工程CAD基础

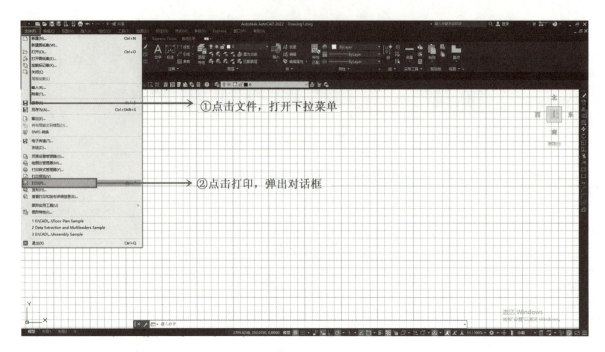

图 2-3-1-1

(2)快捷键激活

操作步骤如图 2-3-1-2 所示。

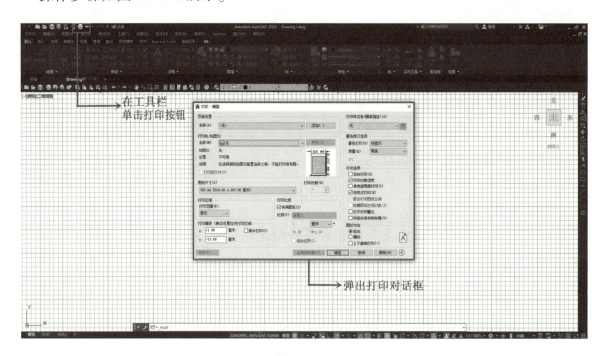

图 2-3-1-2

✏️ 小技巧：激活打印设置还有一种方法，直接输入快捷键" PLOT "也可以直接完成哟。快来试试吧！

266

2. 选择打印机

选择打印机及纸张操作步骤,如图 2-3-1-3 所示。

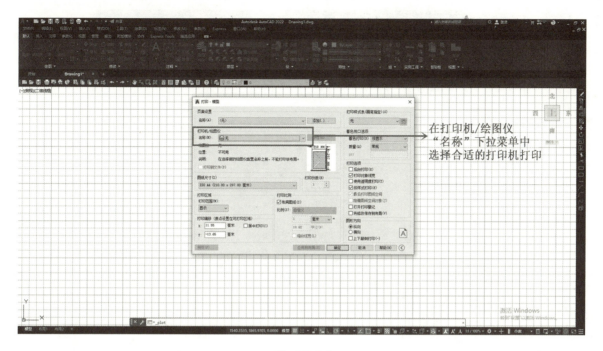

图 2-3-1-3

3. 选择纸张尺寸

选择纸张尺寸操作步骤,如图 2-3-1-4 所示。

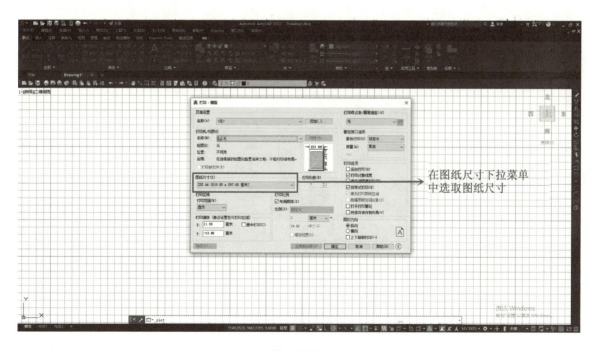

图 2-3-1-4

4.设置打印区域

选择打印区域操作步骤,如图 2-3-1-5 所示。

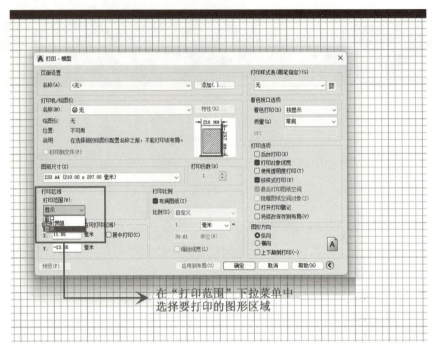

图 2-3-1-5

5.设置打印比例

A4 小样打印比例操作步骤,如图 2-3-1-6 所示。

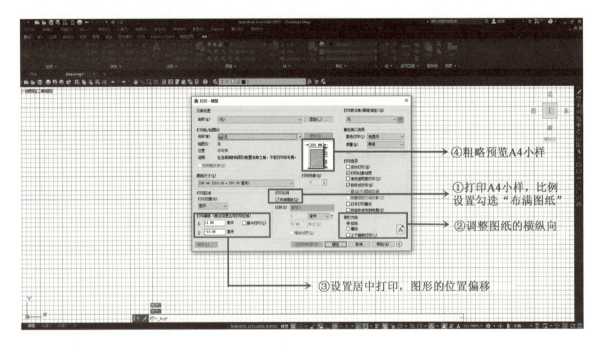

图 2-3-1-6

正式打印比例操作步骤:正式打印时,需要严格按照图纸上标明的、预先设定好的打印比例去打印,例如选择1∶100。具体操作如图2-3-1-7所示。

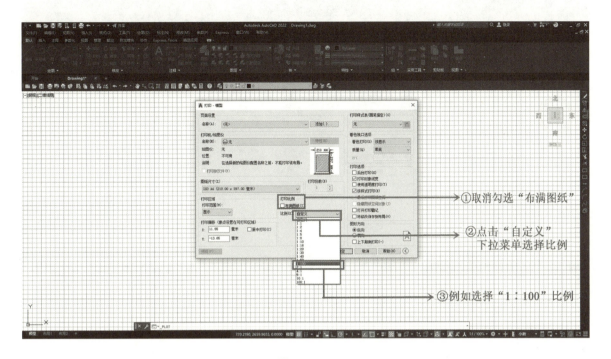

图 2-3-1-7

6.设置打印样式

①选择打印样式,如图2-3-1-8所示。

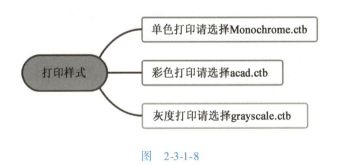

图 2-3-1-8

②选择打印样式操作步骤,如图2-3-1-9所示。

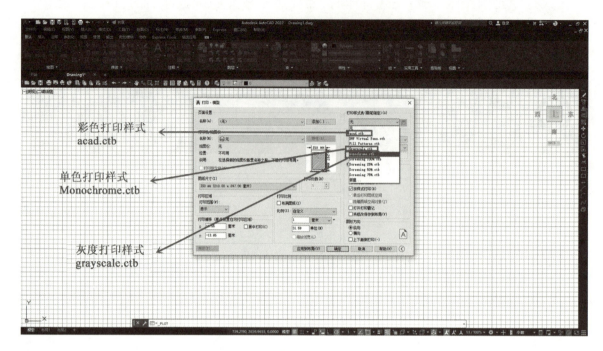

图 2-3-1-9

7. 打印

①选择打印操作步骤,如图 2-3-1-10 所示。

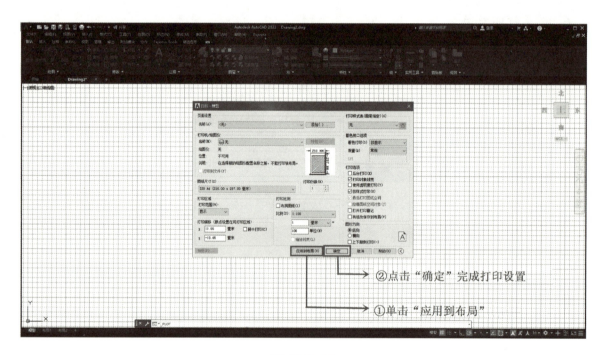

图 2-3-1-10

②打印步骤,如图 2-3-1-11 所示。

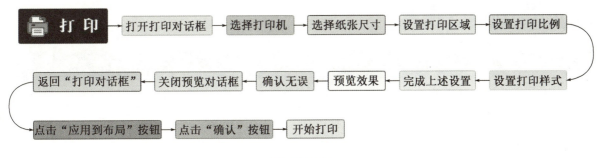

图 2-3-1-11

8.视频演示

用手机扫描二维码,查看资源2-3-1-1,动态演示更直观。

任务验收

 对本节任务的学习情况评价一下吧!

任务评价指标				
序号	打印设置	自评	互评	老师评价
1	尺寸大小			
2	区域大小			
3	比例大小			

评价等级:优秀、良好、合格、不合格。
(优秀:90分以上;良好:75到90分;合格:60到74分;不合格:60分以下)

问题与改进:

知识巩固与提升

拓展练习：打印图纸 2-3-1-12			
将图纸打印到以下纸张中	打印是否成功	存在问题	解决方法
A4			
A3			
B4			

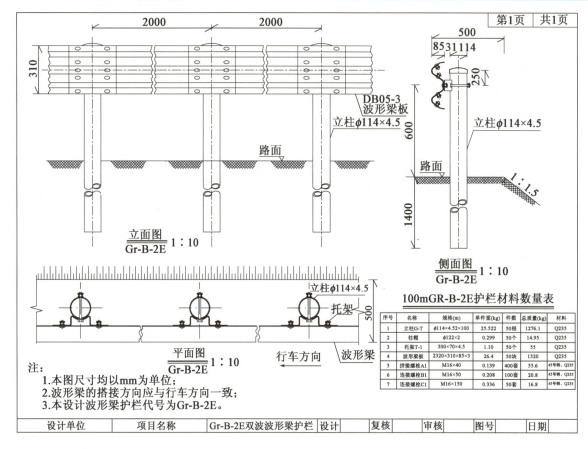

图 2-3-1-12

课 后 反 思

任务二　图形输出操作

素质目标:培养学生学生踏实、认真负责的职业素养。
知识目标:掌握用 AutoCAD 输出 PDF 的方式。
能力目标:能用所学到的方式输出图形。

问题引导

1. 何为图形输出功能？

输出功能是将图形转换为其他类型的图形文件,如 bmp、wmf 等,以达到和其他软件兼容的目的。此外,PDF 还可以保证文档完整性、私密性,比如提交审阅或交给甲方查看时多一层保障,可以设置加密,限制查看、修改、打印等操作。

2. 在 AutoCAD 中,我们如何实现图形输出呢？

这将是本任务学习的知识和技能。

任务实施

一、图形文件输出

(1)如图 2-3-2-1 所示,打开"输出数据"对话框。
(2)如图 2-3-2-2 所示,选择所需要的文件类型。

二、打印输出 PDF

1. 方法一

(1)打开图纸,单击打印按钮,如图 2-3-2-3 所示;弹出"打印-模型"对话框,如图 2-3-2-4 所示。

| 工程CAD基础

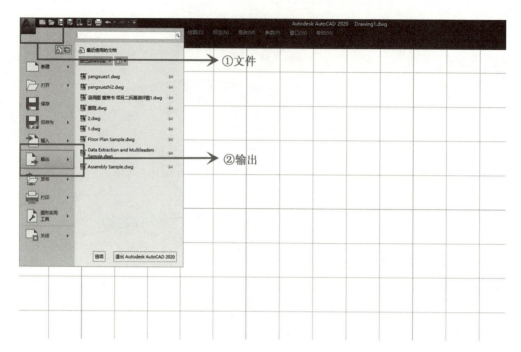

图 2-3-2-1

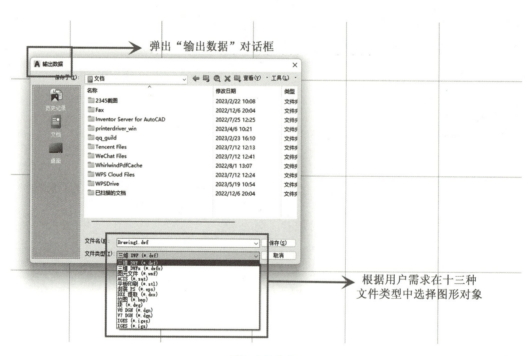

图 2-3-2-2

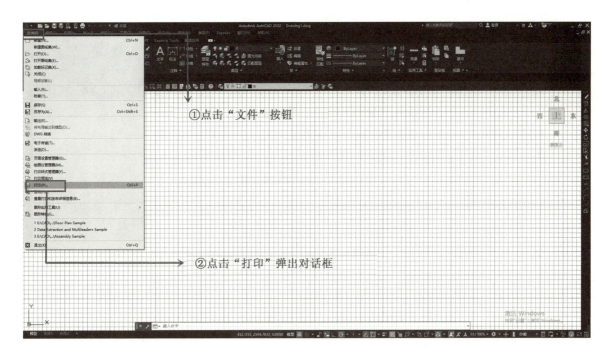

图 2-3-2-3

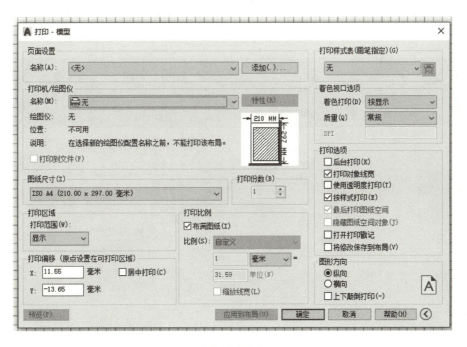

图 2-3-2-4

✏️ 小技巧:打印输出 PDF 还有一种方法,直接输入快捷键"Ctrl + P"也可以直接完成哟。快来试试吧!

(2)在打印设备列表中选择 DWG TO PDF 或其他 PDF 的虚拟打印驱动,如图 2-3-2-5 所示。

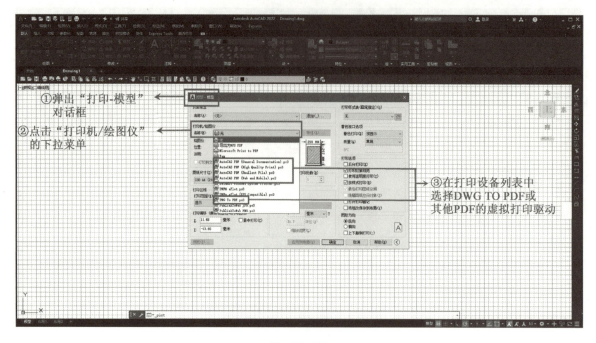

图 2-3-2-5

(3)在"特性"按钮下去定制PDF打印的一些特性,如图2-3-2-6所示。

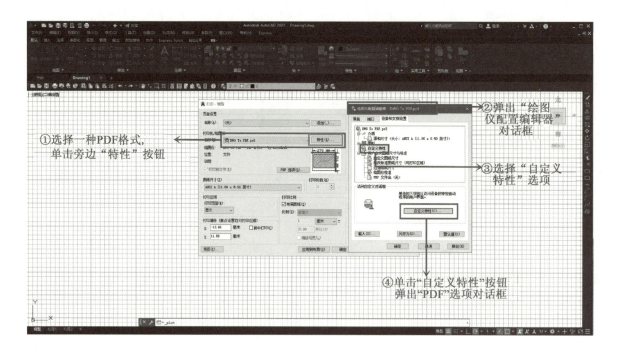

图 2-3-2-6

(4)有些图纸文字样式里字体设置不支持中文,在转换时文字会消失。此时可在自定义特性对话框中取消勾选"捕获图形中使用的字体"后,勾选"将所有文字转换成几何图形",如图2-3-2-7所示。

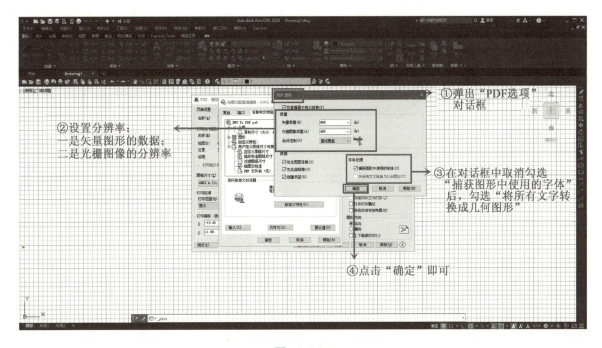

图 2-3-2-7

2. 方法二

(1) 直接在菜单中点输出 PDF，就可以将 DWG 转换成 PDF，如图 2-3-2-8 所示。

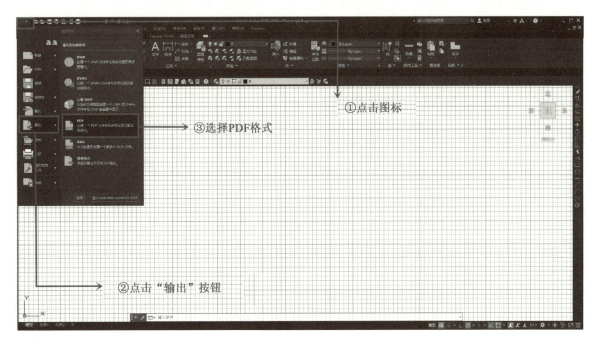

图 2-3-2-8

(2) 选择输出 PDF 的驱动后，单击"选项"按钮，就可以弹出和刚才一样的"PDF 选项"，也就是打印时的自定义特性，如图 2-3-2-9 所示。

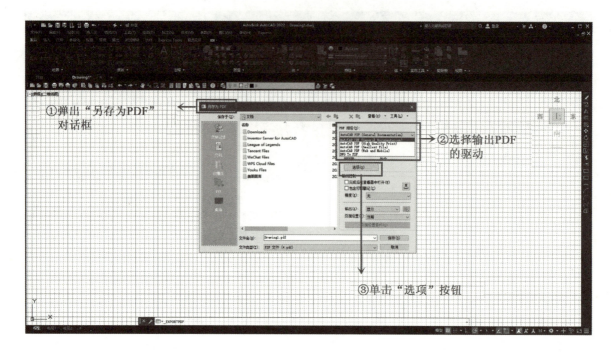

图 2-3-2-9

3. 视频演示

用手机扫描封面二维码,查看资源 2-3-2-1,动态演示更直观。

任务验收

 对本节任务的学习情况评价一下吧!

任务评价指标				
序号	图形输出操作	自评	互评	老师评价
1	图形文件输出			
2	PDF 输出			
评价等级:优秀、良好、合格、不合格。 (优秀:90 分以上;良好:75 到 90 分;合格:60 到 74 分;不合格:60 分以下)				
问题与改进:				

知识巩固与提升

两种输出 PDF 的方法使用情况				
方法	是否会设置输出为 PDF 的格式	存在问题	解决方法	哪种方法更好用？
方法一				
方法二				

课后反思

任务三 布局打印

素质目标:培养学生踏实、认真负责的职业素养。
知识目标:掌握 LAYOUT 创建布局的方法。
能力目标:能设置各种布局命令。

问题引导

1. AutoCAD 的软件绘图空间有哪些？
AutoCAD 软件的绘图空间分为模型空间和图纸空间两种。

2. 如何完成布局打印呢？
设置好 AutoCAD 的布局命令就是本次任务学习的知识和技能。

任务实施

一、建立新布局

(1)新建布局,如图 2-3-3-1 所示。

| 工程CAD基础

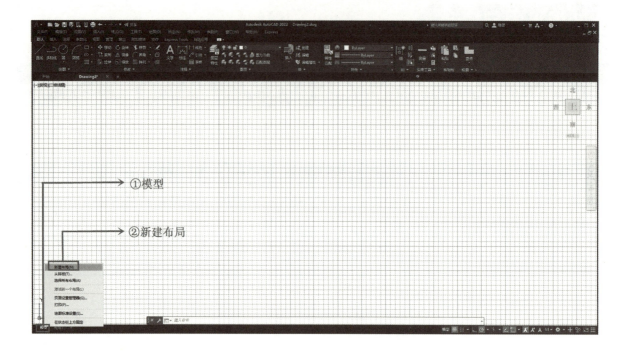

图 2-3-3-1

(2)用"LAYOUT"命令创建布局。

①新建布局(N),如图 2-3-3-2 所示。

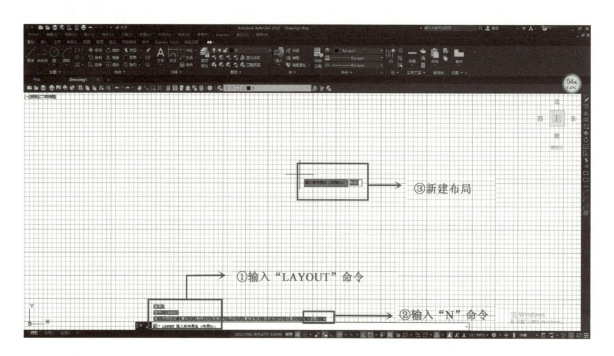

图 2-3-3-2

②复制布局(C),如图 2-3-3-3 所示。

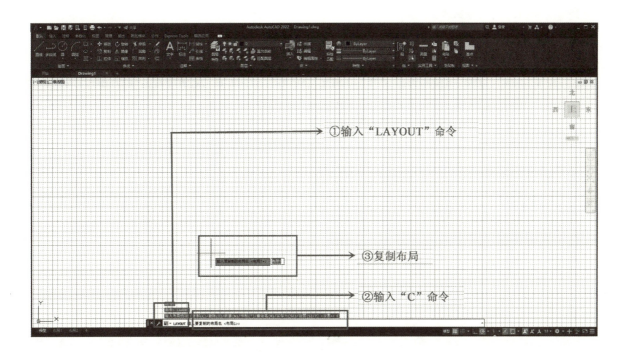

图 2-3-3-3

③删除布局(D),如图 2-3-3-4 所示。

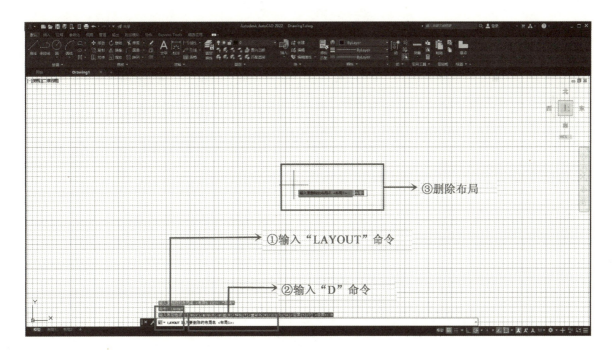

图 2-3-3-4

④以原型文件创建新布局(T),如图 2-3-3-5 所示。

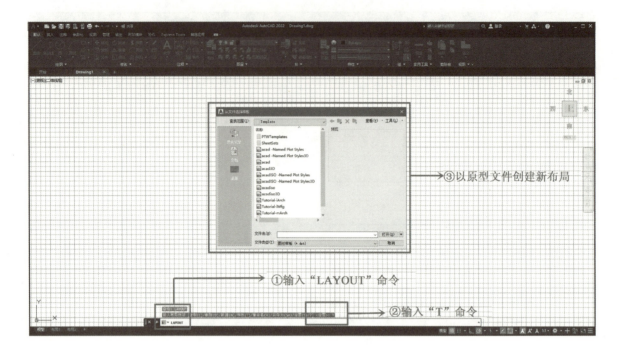

图 2-3-3-5

⑤重命名布局(R),如图 2-3-3-6 所示。

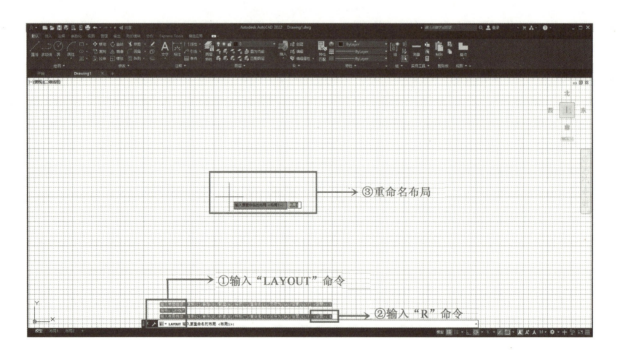

图 2-3-3-6

⑥另存为布局(SA),如图 2-3-3-7 所示。

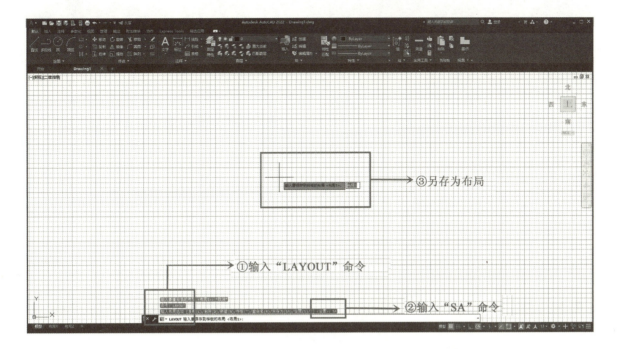

图 2-3-3-7

⑦设置为当前布局(S),如图 2-3-3-8 所示。

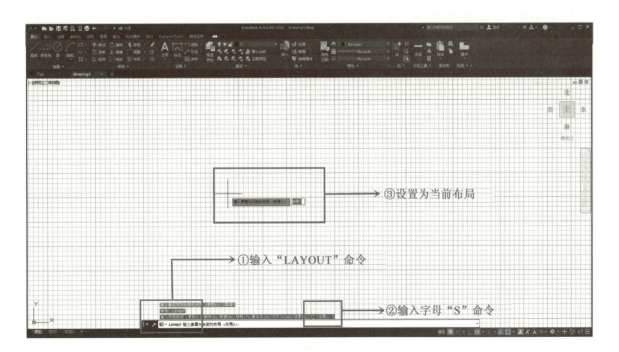

图 2-3-3-8

⑧显示布局(?),如图 2-3-3-9 所示。

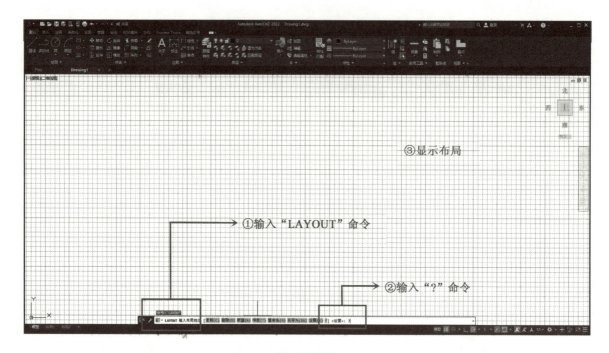

图 2-3-3-9

二、LAYOUTWIZARD 命令创建布局

(1)打开"创建布局"对话框,如图 2-3-3-10 所示。

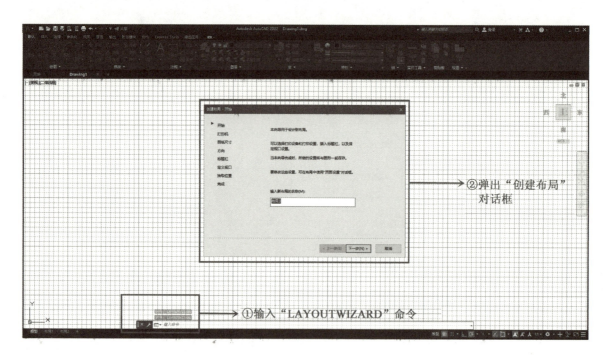

图 2-3-3-10

(2)第二步,输入布局名字,如图 2-3-3-11 所示。

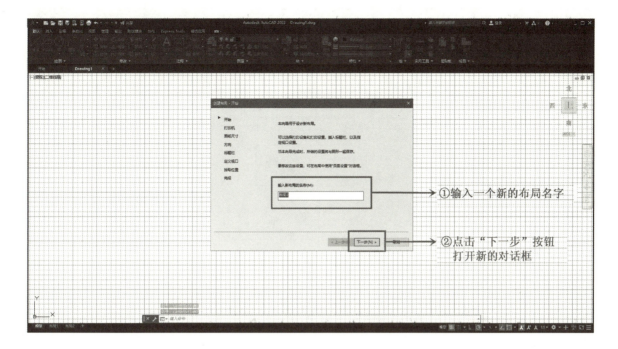

图 2-3-3-11

(3)第三步,选择该布局要使用的打印机,如图 2-3-3-12 所示。

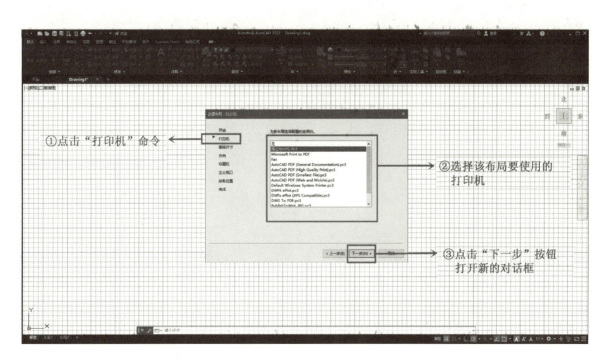

图 2-3-3-12

(4)第四步,选择打印图纸尺寸及单位,如图 2-3-3-13 所示。

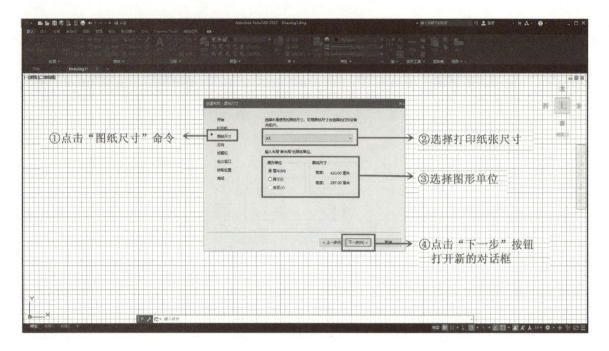

图 2-3-3-13

(5)第五步,设置打印方向,如图 2-3-3-14 所示。

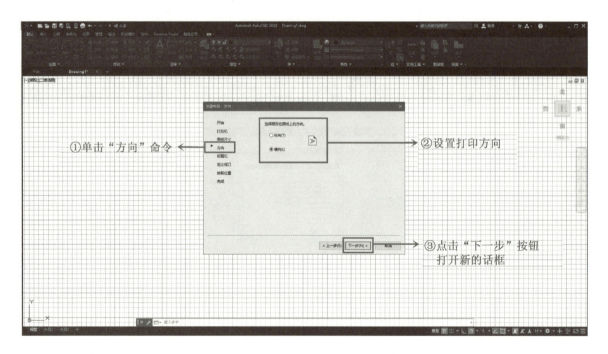

图 2-3-3-14

(6)第六步,选择标题栏的样式,如图 2-3-3-15 所示。

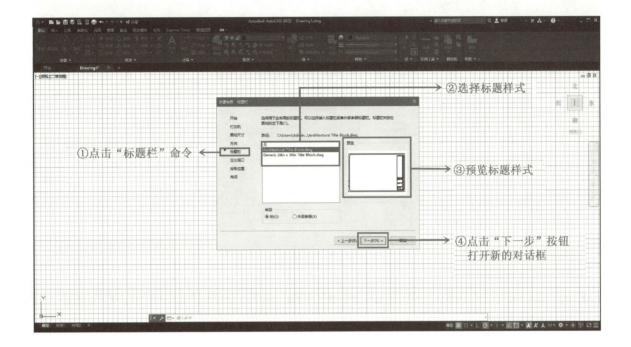

图 2-3-3-15

(7)设置指定浮动视口和视口比例参数,如图 2-3-3-16 所示。

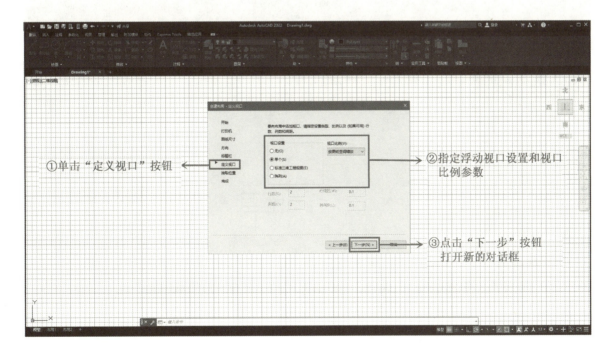

图 2-3-3-16

(8)设置浮动视口的位置和大小,如图 2-3-3-17 所示。

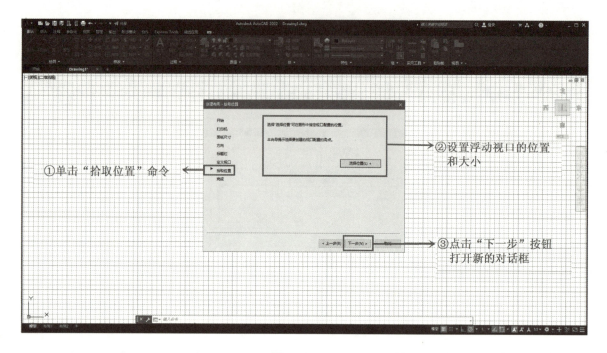

图 2-3-3-17

(9)完成新布局创建,如图 2-3-3-18 所示。

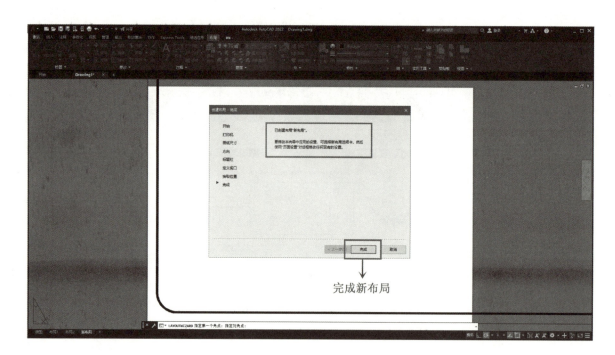

图 2-3-3-18

(10)视频演示。

用手机扫描二维码,查看资源 2-3-3-1,动态演示更直观。

任务验收

 对本节任务的学习情况评价一下吧!

任务评价指标				
序号	建立新布局	自评	互评	老师评价
1	新建布局			
2	复制布局			
3	删除布局			

评价等级:优秀、良好、合格、不合格。
(优秀:90 分以上;良好:75 到 90 分;合格:60 到 74 分;不合格:60 分以下)

问题与改进:

知识巩固与提升

拓展练习:LAYOUT 输入布局选项					
序号	名称	输入命令	命令是否成功	存在问题	解决方法
1	新建布局	N			
2	复制布局	C			
3	删除布局	D			
4	以原型文件创建新布局	T			
5	重命名布局	R			
6	另存为布局	SA			
7	设置为当前布局	S			
8	显示布局	?			

课 后 反 思

项目任务测评

素 养 测 评				
序号	培养目标	素养点	完成情况
1	勤奋好学	小组讨论学习打印机的连接方法	
		按要求连接打印机后打印所需图纸	
2	团结协作	乐于帮助有问题的同学	
		小组分工协作,共同完成小组任务	
3	安全意识	打印过程中注意用电安全	
		注意打印机与计算机的规范使用	
4	学习态度	课前安装完成情况	
		课中图纸打印完成情况	
		课后打印图纸与专业图纸对比情况	
5	能力提升	计算机操作水平能力	
		AutoCAD 软件绘图能力	
		打印机打印图纸能力	
6	创新意识	结合专业绘制所需图纸并打印	
		图纸进行颜色设置后打印	
7	劳动精神	离开机房时自觉带走自己的垃圾	
		离开机房时切断电源,关闭门窗	

目标完成情况:已完成的目标栏请打√。

知 识 测 评
要求: (1)熟练操作计算机,掌握 AutoCAD 打印的基本操作步骤; (2)正确地设置绘图仪或打印机; (3)掌握图形输出操作,学会布局打印方法; (4)学习结束后对自身能力进行自评,及时了解自身学习情况。

续上表

任务一：打印机的设置				
序号	任务要求	完成情况：在对应的括号里√		
1	计算机的规范使用	了解（　）	理解（　）	掌握（　）
2	AutoCAD 打印的基本操作步骤	了解（　）	理解（　）	掌握（　）
3	打印机的选择	了解（　）	理解（　）	掌握（　）
4	布局打印	了解（　）	理解（　）	掌握（　）

了解：看懂操作要求，但不能亲自动手操作。
理解：看懂操作要求，根据要求亲自动手操作，但动作生疏。
掌握：看懂操作要求，根据要求亲自动手操作，且动作熟练。

AutoCAD 打印的基本操作步骤			
序号	方法	操作步骤	等级自评
1	手动激活		
2	选择打印机		
3	选择纸张尺寸		
4	设置打印区域		
5	设置打印比例		
6	打印		

评价等级：优秀、良好、合格、不合格。
（优秀：90 分以上；良好：75 到 90 分；合格：60 到 74 分；不合格：60 分以下）

续上表

任务二:图形输出操作				
图形输出操作	命令行		等级自评	
	操作步骤			

评价等级:优秀、良好、合格、不合格。
(优秀:90 分以上;良好:75 到 90 分;合格:60 到 74 分;不合格:60 分以下)

任务三:布局打印					
名称	序号	方法	命令行	快捷命令	等级自评
建立新布局	1	新建布局			
	2	复制布局			
	3	删除布局			
	4	以原型文件创建新布局			
	5	重命名布局			
	6	另存为布局			
	7	设置为当前布局			
	8	显示布局			

评价等级:优秀、良好、合格、不合格。
(优秀:90 分以上;良好:75 到 90 分;合格:60 到 74 分;不合格:60 分以下)

用 LAYOUTWIZARD 命令创建布局		
操作步骤	操作方法	等级自评
步骤一		
步骤二		
步骤三		
步骤四		
步骤五		
步骤六		
步骤七		
步骤八		
步骤九		

评价等级:优秀、良好、合格、不合格。
(优秀:90 分以上;良好:75 到 90 分;合格:60 到 74 分;不合格:60 分以下)

续上表

技 能 测 评				
任务一：打印机的设置				
序号	技能点		注意事项	操作评价
1	计算机的规范使用				
2	AutoCAD 打印机的连接				
3	AutoCAD 打印的基本操作步骤				

操作评价等级：优秀、良好、合格、不合格。

任务二：图形输出操作				
序号	技能点		操作步骤	操作评价
1	1		图形文字输出	
	2		打印输出 PDF	

操作评价等级：优秀、良好、合格、不合格。

任务三：布局打印				
序号	技能点		操作方法	操作评价
1	建立新布局				
2	用"LAYOUT"命令创建布局				
3	用"LAYOUTWIZARD"命令创建布局				

操作评价等级：优秀、良好、合格、不合格。

拓展练习：按要求打印出相应的图纸				
序号	技能点	要求	打印图纸展示	操作评价
1	改变图形的打印颜色	1. 打印蓝色图形		
		2. 打印红色图形		
2	改变图形输出比例	1. 图形比例 1∶10		
		2. 图形比例 1∶100		

操作评价等级：优秀、良好、合格、不合格。

拓 展 测 评

要求：

(1) 在老师的指导下，绘制并打印出以下图纸（图9～图11）。

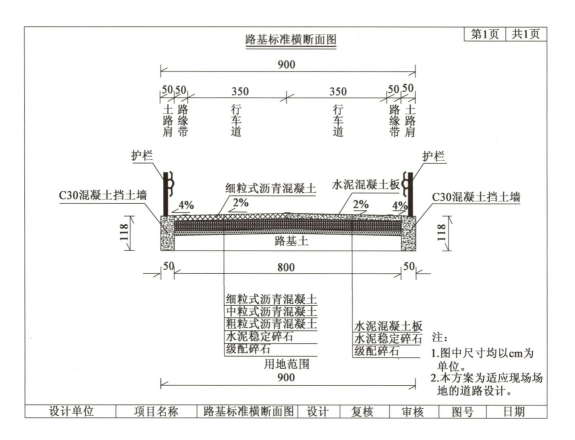

图 9

图 10

续上表

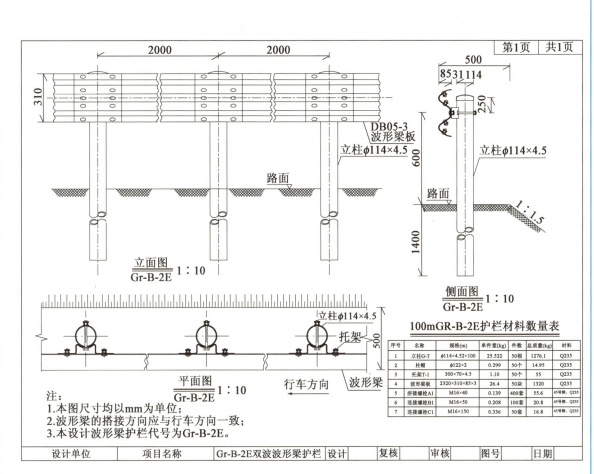

图 11

（2）结合本项目所学的知识和专业需求，归纳出所打印图纸涉及知识内容，你是否已经掌握这些知识？

参 考 文 献

[1] 苏建林,张郃生. 公路工程 CAD [M]. 北京:人民交通出版社,2011.
[2] 天工在线. 中文版 AutoCAD2022 从入门到精通(实战案例版)[M]. 北京:中国水利水电出版社,2021.
[3] 钟日铭. AutoCAD 2020 中文版 入门·进阶·精通 [M]. 6 版. 北京:机械工业出版社,2019.